新 手 从 零 开 始 学 系 列

仓库主管

规划设计·物料入库·库存管理·出库管理

新创企业
管理培训
中心

组织编写

U0319572

化学工业出版社

·北京·

内容简介

《仓库主管：规划设计·物料入库·库存管理·出库管理》一书全面而深入地解析了仓库主管在仓储管理领域的关键职责与实际操作。本书共分为七章，从宏观的仓储规划到微观的入库管理、装卸搬运、仓储保管、出库管理、库存盘点以及仓库安全，内容详尽而实用。

本书旨在帮助有志于从事仓库管理工作的读者全面了解仓库主管的工作范围、职责和核心任务，为他们提供清晰的管理方法和思路，并使他们掌握实用的管理技巧与策略。通过阅读本书，读者可以深入了解如何规划与设计仓库布局、高效地进行物料入库与出库管理、保障库存安全与准确、提升装卸搬运效率，并学习如何进行有效的库存盘点和确保仓库安全。

本书采用模块化设置，循序渐进地引导读者从基础知识到实际操作，既适合初学者入门，也适合有经验的仓库主管提升管理技能，是一本不可或缺的仓储管理工作手册和工具书。

图书在版编目（CIP）数据

仓库主管：规划设计·物料入库·库存管理·出库
管理 / 新创企业管理培训中心组织编写． -- 北京：化
学工业出版社，2024. 10. --（新手从零开始学系列）.
ISBN 978-7-122-46128-5

Ⅰ. F253

中国国家版本馆 CIP 数据核字第 2024S0E868 号

责任编辑：陈　蕾　　　　　　　　　　　　文字编辑：李　彤　刘　璐
责任校对：张茜越　　　　　　　　　　　　装帧设计：溢思视觉设计／程超
E-mail: isstudio@126.com

出版发行：化学工业出版社（北京市东城区青年湖南街13号　邮政编码100011）
印　　装：三河市双峰印刷装订有限公司
787mm×1092mm　1/16　印张13¼　字数244千字　2024年10月北京第1版第1次印刷

购书咨询：010-64518888　　　　　　　　　　售后服务：010-64518899
网　　址：http://www.cip.com.cn
凡购买本书，如有缺损质量问题，本社销售中心负责调换。

定　　价：68.00元

　　仓库是一个企业的物料和成品集散地，发挥着非常大的作用。除银行外，企业里几乎所有的流动资产都集中在仓库，物料的流动顺畅与否，物料的收发是否正常有序，直接关系到企业的各种销售业绩是否达成有效目标。仓库存放物料数量的精准性也关乎生产的进度。如果物料没有及时供给生产，造成生产物料的短缺，可能会影响到顺利出货。仓库的重要性由此可见一斑。随着工业化的进一步发展，现代许多传统意义上的仓库也得到了逐步的改良。仓库这个部门也有了很多新的叫法：货仓、仓储科、物料部、资材科、物流中心、配送中心等。但是不管叫什么，仓库传统意义上的职能并没有发生变化，它始终担负着中转站的功能。

　　仓库管理又称仓储管理，是指对仓储货物的收发、结存等活动进行有效控制，保证仓储货物完好无损，确保生产经营活动正常进行，并在此基础上对各类货物的活动状况进行分类记录，以明确的图表方式展示仓储货物在数量、品质方面的状况，目前所处的地理位置和部门，订单归属和仓储分散程度等情况而进行的综合管理。

　　仓库管理是现代化物流体系中不可或缺的一环，企业的物料从供应商开始流动（信息流早于物料的流动）到配送给客户。在这个漫长的流程中，所有的环节都有可能产生误差，而所有的误差都有可能导致库存不足或过剩。库存虽然散落在供应链的不同环节，但是最终要积蓄在仓库中。因此，仓库管理人员通常承担了企业所有决策误差所带来的库存压力，但又没有权力和能力解决这些问题，因为人们很少从企业总体物流的高度来看待仓库及库存控制和管理，它是生产企业仓库管理的一个"死点"。

仓库主管，是主持仓库部门各项业务开展与管理工作的责任人员。为了能使仓储管理活动有条不紊地进行下去，仓库主管须按照供需双方的物流要求，对仓库整个作业过程进行软、硬性方面的管理，对仓库管理活动进行系统的规划与组织、计划与协调、培训与激励、控制与监督，力求使仓库高效运作、快速周转，以实现最佳的物流与社会效益。

仓库管理不仅仅是看守仓库那么简单，更多的是如何高效、科学地理顺供应商出货，客户企业采购、运输、搬运、配送、卸货，客户企业检验、入库、生产、半成品存储、成品加工或装配、成品出库、配送给客户这一系列工作。

那么，怎样才能成为一名优秀的仓库主管？如何在仓库主管这个重要的岗位上尽职尽责，提升自己的管理能力？这就是本书要解答的问题。

《仓库主管：规划设计·物料入库·库存管理·出库管理》一书涵盖了从宏观到微观的各项仓库管理工作，具体包括仓储规划、入库管理、装卸搬运、仓储保管、出库管理、库存盘点和仓库安全七章内容。

本书可以帮助有志于从事仓库管理的人员全面了解仓库主管的工作范围、职责、核心任务，确立管理方法和思路，掌握管理技巧与策略，更好地规划职业发展方向。

本书为模块化设置，内容实用性强，着重突出可操作性，由浅到深，循序渐进，是一本非常实用的指导手册和入门工具书。

由于编者水平有限，书中难免出现疏漏，敬请读者批评指正。

编　者

目录

◆　第一章　仓储规划　◆

仓储规划是对各种仓储行为进行整体的规划，对仓储模式、仓储设施、储存空间、信息管理系统等进行决策及设计。通过合理的仓储规划可以有效地提高仓储的工作效率，降低仓储工作人员的作业难度，可更直观地对仓储作业活动进行调控。

─────────────◆ **第二章　入库管理** ◆─────────────

　　物料入库管理是生产管理的重要组成部分，也是仓库管理的一个重要环节。为了保证入库物料的质量，仓库主管必须把好物料入库关，并带领仓库员工做好物料入库前的各项准备工作，完善接收流程，避免出现差错。

◆ 第三章　装卸搬运 ◆

　　物料、成品装卸搬运是生产过程中的辅助环节，存在于仓库内、仓库和生产部门之间以及出货等各个环节。通过有效的物料装卸搬运管理，可以极大地压缩其占用的时间和投入的费用。仓库主管一定要对物料装卸搬运进行设计，使其趋于科学化、合理化。

第四章　仓储保管

　　仓储保管水平是衡量现代企业管理水平的重要标志，做好仓储保管环节的内部控制工作，对仓储物品进行有效保管，能不断提高仓储保管工作的效率和质量，保证仓储物品的安全，有效提升仓储保管水平。

第五章 出库管理

物料出库是仓储业务的最后阶段。它标志着物料存储阶段已经结束，进入了物料的发放阶段。把物料及时、迅速、准确地发放到使用部门，是仓储工作为生产服务的主要体现。因此，仓库主管应努力做好物料的出库管理工作。

第六章　库存盘点

库存盘点可以帮助企业控制库存成本、减少库存丢失、提高资金使用效率，并提升客户满意度和竞争力。仓库主管应高度重视库存盘点管理，建立完善的库存盘点管理制度和流程，保证库存数据的准确性和及时性，为企业的发展提供有力的支持。

◆ 第七章　仓库安全 ◆

　　仓库安全管理是仓库管理的重要组成部分，仓库安全工作贯穿仓库各个作业环节。仓库主管应抓好仓库的安全管理，及时发现问题，采取科学方法，消除各种危险隐患，有效防止灾害事故的发生，保护仓库中人、财、物的安全。

仓库管理认知

仓库是指为存放商品而建造的场所，是供应链管理中重要的物流节点之一。仓库管理是指在仓库内实现可视化、标准化、自动化、信息化的管理和控制，以提高仓储效率、降低成本、提高服务水平，进而实现企业的战略目标。

仓库主管的任务就是主持仓库部门各项业务的开展与管理工作，是仓储、物流过程中重要的润滑剂，仓库主管不但要协调好同仓管员、相关部门以及上级领导的人际关系，还要有效地提高仓库的有效面积，用最小的人力物力获得最大收益。

在学习仓库管理知识前，仓库主管一定要对自己有清晰的定位，了解自己的岗位职责、工作目标、素质要求、能力要求。

下面是××公司在××招聘网站上发布的一则仓库主管招聘信息。

岗位职责：

1. 负责仓库的日常运营，确保仓库管理制度和流程得以执行。

2. 根据采购部门提交的采购计划，跟进物料采购、收货、验货等流程，并负责仓库库存的核实、盘点和调拨。

3. 负责仓库内部的物料管理，包括物料分类、标号、名称、规格、库存数量等，确保物料安全、有序、整齐存放。

4. 负责仓库的单据管理，包括采购单、收货单、出库单等，确保单据的准确、完整、规范。

5. 负责仓库现场纪律维护，确保仓库的安全、有序、和谐。

6. 负责仓库的合理布局、仓别的规划和仓库5S的推行，完善仓库各项工作流程和标准。

7. 参与公司的库存管理工作，负责制订和实施库存管理的计划、方案，确保公司的库存安全、合理。

8. 负责监督处理不良物料和呆滞物料。

9. 完成上级领导交办的其他工作，协助其他部门完成工作任务。

任职资格：

1. 大专及以上学历，物流管理、市场营销等相关专业。

2. 3 年以上仓库管理经验，熟悉企业仓库管理流程，有敏锐的洞察力和良好的沟通能力。

3. 具备良好的组织协调能力和团队合作精神，能够独立完成工作。

4. 具备良好的沟通技巧和人际交往能力，能够与员工、供应商、客户等保持良好的关系。

5. 熟悉仓库管理软件，了解采购流程，具有一定的财务知识。

6. 具备一定的计划和执行能力，能够对工作进度进行合理的调整。

7. 具备团队合作精神，能够与团队成员密切合作，共同推进工作进度。

从以上内容可以看出，仓库管理工作可以说是千头万绪、纷繁复杂的。一个企业的仓库就如同财务出纳一样重要，出纳管钱，仓库管物。如果仓库的账物不准，公司的整体管理就运营得不好，会直接影响企业的生存与财务现金流的运转。

一个企业的物品管理很大一部分体现在仓库的管理上，直接通过进、销、存反映企业的货物流通状况，仓库管理混乱则公司的货物管理就会无序，从而导致企业无法正常运转。仓库，不管作为企业内部采购部门与生产部门之间的重要桥梁，还是作为连接供应与需求双方的第三方物流企业的主要部门，其在物品的采购、仓储、加工与流通过程中都发挥着重要作用。

要想使企业的日常运营工作有条不紊地开展，那仓库管理的工作就相当重要了，俗话说得好："兵马未动，粮草先行！"科学的仓库管理不仅能够保证企业生产过程获得及时准确、质量完好的物资供应，而且有利于企业通过占用较少的流动资金，降低产品成本，从而实现提高企业经济效益和竞争能力的最终目标。

综上所述，仓库主管在进行仓库管理工作时，要明确自身在管理过程中需要扮演的角色，以及需要掌握的职位技能和需要获得的职能权限，这样才能做好仓库管理的各项工作。

第一章

仓储规划

仓储规划是对各种仓储行为进行整体的规划，对仓储模式、仓储设施、储存空间、信息管理系统等进行决策及设计。通过合理的仓储规划可以有效地提高仓储的工作效率，降低仓储工作人员的作业难度，可更直观地对仓储作业活动进行调控。

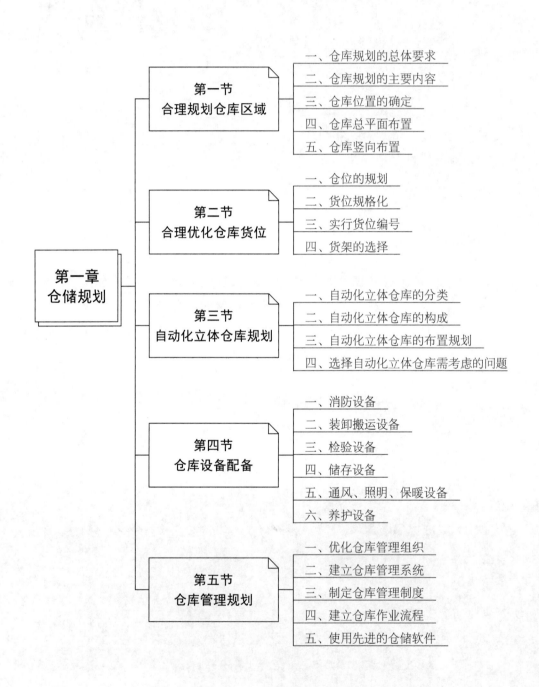

第一章
仓储规划

第一节
合理规划仓库区域

一、仓库规划的总体要求
二、仓库规划的主要内容
三、仓库位置的确定
四、仓库总平面布置
五、仓库竖向布置

第二节
合理优化仓库货位

一、仓位的规划
二、货位规格化
三、实行货位编号
四、货架的选择

第三节
自动化立体仓库规划

一、自动化立体仓库的分类
二、自动化立体仓库的构成
三、自动化立体仓库的布置规划
四、选择自动化立体仓库需考虑的问题

第四节
仓库设备配备

一、消防设备
二、装卸搬运设备
三、检验设备
四、储存设备
五、通风、照明、保暖设备
六、养护设备

第五节
仓库管理规划

一、优化仓库管理组织
二、建立仓库管理系统
三、制定仓库管理制度
四、建立仓库作业流程
五、使用先进的仓储软件

第一节 合理规划仓库区域

对于仓库工作的开展来讲，仓库规划和布局是最基本的要点，也是难点。现代仓库承担了越来越多的功能，因此根据仓库规划与布局的原则打造一个功能齐全、设施完善的仓库是仓库运作的基础。

一、仓库规划的总体要求

在规划、组建仓库时，应本着方便、科学的原则，应符合表1-1所示的要求。

表1-1 仓库规划的总体要求

序号	要求	具体说明
1	符合工艺要求	（1）在地理位置上仓库须满足产品加工工序的要求 （2）相关库区应尽可能地与加工现场相连，减少物料和产品的迂回搬运 （3）各库区最好有相应的规范作业程序说明
2	符合进出顺利的要求	（1）在规划仓库时，要考虑到物料的运输问题 （2）要尽可能地将进、出仓门与电梯相连，并规划出相应的运输通道，同时充分考虑运输路线等问题
3	满足安全要求	仓库是企业主要物资的集散地，在规划时要特别考虑以下两点安全因素。 （1）仓库要有充足的光、气、水、电、风、消防器材等条件 （2）需要有防火通道、安全门、应急装置和一批经过培训并考核合格的消防人员
4	分类存放	对所有物资进行分析、归纳分类，然后再进行分类储存。 （1）常用物资仓可分为原材料仓、半成品仓和成品仓 （2）工具仓主要用于存放各种工具 （3）办公用品仓主要用于为仓库的日常管理提供各种常用办公用品 （4）特殊物料仓专门存放处理有毒、易燃易爆品等物料

二、仓库规划的主要内容

仓库规划的主要内容如图1-1所示。

内容一	仓库的合理布局
内容二	仓库的发展战略和规模，如仓库的扩建、改造任务等
内容三	仓库的机械化发展水平和技术改造方向，如仓库的机械化、自动化水平等
内容四	仓库的主要经济指标，如仓库主要设备利用率、劳动生产率、仓库吞吐储存能力、仓容利用率、储运品质指标、储运成本的降低率等

图1-1　仓库规划的主要内容

由此可见，仓库规划是在仓库合理布局和正确选择库址的基础上，对库区总体设计、仓库建设规模以及仓库储存保管技术水平的确定。

三、仓库位置的确定

仓库部门的位置因厂而异，它取决于各工厂的实际需要。在决定仓库部门的位置时，应该考虑图1-2所示的因素。

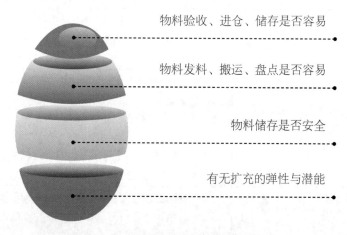

物料验收、进仓、储存是否容易

物料发料、搬运、盘点是否容易

物料储存是否安全

有无扩充的弹性与潜能

图1-2　确定仓库位置应考虑的因素

四、仓库总平面布置

仓库总平面布置是指对仓库的各个组成部分，如库房、货棚、货场、辅助建筑物、铁路专用线、库内道路、附属固定设备等在规定的范围内进行平面和立体的全面合理安排。仓库总平面布置应该满足图1-3所示的要求。

图1-3 仓库总平面布置应该满足的要求

1.适应仓储生产的作业流程

库房、货棚、货场等储存场所的数量和比例要与所储存物资的数量和保管要求相适应，要保证库内物资流动方向合理，运输距离最短，作业环节和次数最少，仓库面积利用率最高，并能做到运输通畅、方便保管。

2.有利于提高仓库的经济性

总体布置时要考虑地形、工程地质条件等，因地制宜，使之既能满足物资运输和存放的要求，又能避免大挖大掘，减少土方工程量。平面布置应该与竖向布置相适应，既满足仓储生产上的要求，有利于排水，又要充分利用原有地形。

> **小提示**
>
> 总平面布置应能充分合理地利用库内的一些固定设备，以充分发挥设备的效能，合理利用空间。

3.符合安全、卫生要求

库内各区域间、各建筑物间应该留有一定的防火间距，同时要设有各种防火、防盗等安全保护设施。此外，库内布置要符合卫生要求，考虑通风、照明、绿化等情况。

五、仓库竖向布置

企业需要确定场地平面布局等各种因素（如库房、货场、专用线、道路、排水、供电等）在地面标高线上的相对位置。仓库竖向布置要与总平面布置相适应，充分考虑各方面的条件和因素，使之既满足仓储生产的需要，又符合安全生产的要求。

第二节　合理优化仓库货位

仓库货位优化管理是指在满足货物存储和提取的基础上，对仓库货位进行合理安排和调整，提高仓库的运营效率，降低成本，从而为企业创造更多的经济效益。

一、仓位的规划

仓位规划是指依据方便作业、提高库场运用率和作业效率、提高货物保管质量的要求，依据专业化、规范化、效率化的原则对仓库的使用进行分工和分区规划。

1.库区规划设计

库区的规划设计应满足以下要求。

① 库区要与生产现场靠近，保证通道顺畅。

② 每仓要有相应的进仓门和出仓门，并有明确的标牌。

③ 按储存容器的规格、楼面载重能力和叠放的限制高度，将库区划分为若干仓位，并用油漆或美纹胶在地面标明仓位名和通道走向。

④ 库区内要留有必要的废次品存放区、物料暂存区、待检区、发货区等。

⑤ 库区设计，须将安全因素考虑在内，须明确规定消防器材所在位置、消防通道和消防门的位置、救生措施等。

⑥ 仓库的办公室尽可能地设置在库区附近，并有仓名标牌。

⑦ 测定安全存量、理想最低存量或定额存量，并有相应的标牌。

⑧ 各个仓库的进仓门处须张贴仓库平面图，平面图要能够反映该仓库所在的地理位置、周边环境、库区仓位、各类通道及门、窗、电梯等内容。

2.确定货仓仓位大小

通常物料的最高存量、最低存量与正常存量决定了仓位的大小。

① 仓位大小若取决于最低存量，则显然仓位太小，常出现为腾出仓位而辗转搬运物料或无仓位的现象。

② 仓位大小若取决于最高存量，常会造成仓位过大的现象。

因此，通常以正常存量来确定仓位的大小。

3.仓位的具体规划

企业在具体规划仓位时，要根据物料的进出库规律及时调整仓区和仓位。

（1）预留机动仓区

预留机动仓区的目的是更好地实现分区分类。主要用于暂时存放一些待整理、待分类、待验收的货物或物料。通常在整个仓库划分仓区时，应预先留出一定面积作为机动仓区；其大小可视仓库业务性质、物料储存量及品种的多少、物料性质和进出频繁程度以及仓储设备条件而定。

 小提示

有了机动仓区，如果某些物料入库数量超过固定仓区容纳量，就可在机动仓区暂存，等待移回原固定仓区，避免到处寄存，造成混乱。

（2）收料区的设置

仓库要设有特定的收料区用于暂放所购进的物料。此收料区可划分为三个区域，具体的分区及各自的用途如图1-4所示。

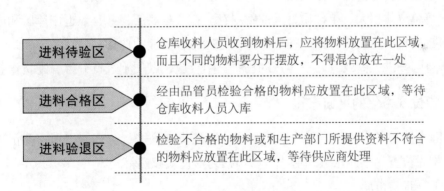

图1-4　收料区域的设置

二、货位规格化

货位，即货物储存的位置。企业应做好货位布置，以便合理地存放各种物料。

货位规格化就是运用科学的方法，通过周密的规划设计，进行合理分类、排号（库房号、货架号、层次号和货位号），使仓库内物料的货位排列系统化、规范化。其目的一方面是提高仓库面积和空间利用率，另一方面是提高物料保管质量，方便进出库作业，从而降低物料的仓储处置成本。

1.货位规格化的主要依据

实行货位规格化的主要依据是物料分类目录、物料储备定额以及物料本身物理、化学等自然属性，具体如图1-5所示。

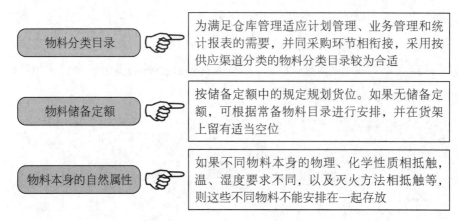

物料分类目录	👉	为满足仓库管理适应计划管理、业务管理和统计报表的需要，并同采购环节相衔接，采用按供应渠道分类的物料分类目录较为合适
物料储备定额	👉	按储备定额中的规定规划货位。如果无储备定额，可根据常备物料目录进行安排，并在货架上留有适当空位
物料本身的自然属性	👉	如果不同物料本身的物理、化学性质相抵触，温、湿度要求不同，以及灭火方法相抵触等，则这些不同物料不能安排在一起存放

图1-5　实行货位规格化的主要依据

2.货位规格化的基本思路

① 根据物料特性分区分类储存，将特性相近的物料集中存放。
② 将单位体积大、单位质量大的物料存放在货架底层，并且靠近出库区和通道。
③ 将周转率高的物料存放在进出库装卸搬运最便捷的位置。
④ 将同一供应商或者同一客户的物料集中存放，以便于进行分拣、配货作业。

3.货位规格化的平面布置

平面布置是指对货区内的货垛、通道、收发货区等进行合理的规划，并正确处理它们的相对位置。平面布置的形式可以概括为垂直式和倾斜式。

（1）垂直式布局

垂直式布局，是指货垛或货架的排列与仓库的侧墙互相垂直或平行，具体包括横列式布局、纵列式布局和纵横式布局。

① 横列式布局，是指货垛或货架的长度方向与仓库的侧墙互相垂直。这种布局的主要优点是：主通道长且宽，副通道短，整齐美观，便于存取查点。如果用于库房布局，还有利于通风和采光。如图1-6所示。

② 纵列式布局，是指货垛或货架的长度方向与仓库侧墙互相平行。这种布局的优点主要是可以根据物料在库时间的不同和进出库的频繁程度安排货位：在库时间短、进出频繁的物料放置在主通道两侧；在库时间长、进库不频繁的物料放置在里侧。如图1-7所示。

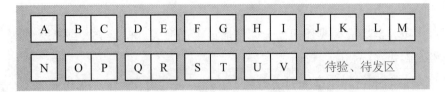

图1-6　横列式布局示意图

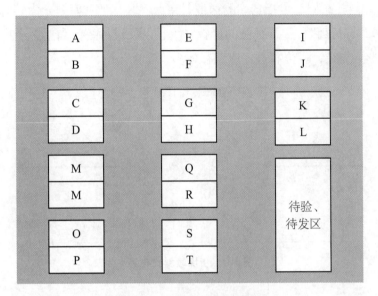

图1-7　纵列式布局示意图

③ 纵横式布局，是指在同一保管场所内，横列式布局和纵列式布局兼而有之，可以综合利用两种布局的优点。如图1-8所示。

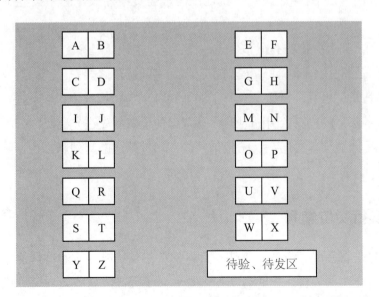

图1-8　纵横式布局示意图

（2）倾斜式布局

倾斜式布局是指货垛或货架与仓库侧墙或主通道成60°、45°或30°夹角。具体包括货垛倾斜式布局和通道倾斜式布局。

① 货垛倾斜式布局，是横列式布局的变形，它是为了便于叉车作业、缩小叉车的回转角度、提高作业效率而采用的布局方式，如图1-9所示。

② 通道倾斜式布局，是指仓库的通道斜穿保管区，把仓库划分为具有不同作业特点的区域，如大量存储和少量存储的保管区等，以便进行综合利用。采用这种布局形式的仓库内形式复杂，货位和进出库路径较多。

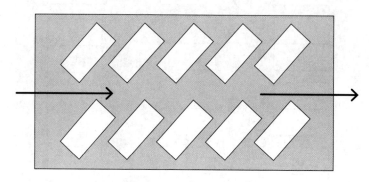

图1-9　货垛倾斜式布局

4.货位规格化的空间布局

空间布局是指库存物料在仓库立体空间上的布局，其目的在于充分有效地利用仓库空间。空间布局的主要形式有：就地堆码、上货架存放、采用架上平台、空中悬挂等。

其中使用货架存放物料有很多优点，概括起来有以下几个方面。

① 便于充分利用仓库空间，提高库容利用率以及存储能力。

② 物料在货架里互不挤压，有利于保证物料本身和其包装完整无损。

③ 货架各层中的物料，可随时自由存取，便于做到先进先出。

④ 物料存入货架，可防潮、防尘，某些专用货架还能起到防损伤、防盗、防破坏的作用。

三、实行货位编号

货位编号是将库房、货场、货棚、货垛、货架及物料存放的具体位置按顺序统一编列号码，并作出明显标志。实行货位编号，对于提高物料收发效率，推动仓储物料的检查监督和盘存统计工作以及仓管员之间的互助合作有很大作用。

1.货位编号原则

货位编号应遵循图1-10所示的原则。

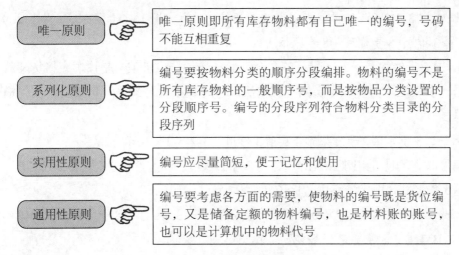

图1-10 货位编号原则

唯一原则	唯一原则即所有库存物料都有自己唯一的编号，号码不能互相重复
系列化原则	编号要按物料分类的顺序分段编排。物料的编号不是所有库存物料的一般顺序号，而是按物品分类设置的分段顺序号。编号的分段序列符合物料分类目录的分段序列
实用性原则	编号应尽量简短，便于记忆和使用
通用性原则	编号要考虑各方面的需要，使物料的编号既是货位编号，又是储备定额的物料编号，也是材料账的账号，也可以是计算机中的物料代号

2.货位编号的要求

货位编号好比商品在库的"住址"。根据不同库房条件、商品类别和批量整零的情况，搞好货位画线及编排序号，以符合"标志明显易找、编排规律有序"的要求。

① 编号标志设置：采取适当方法，选择适当位置。例如：仓库编号标志，可在库门外挂牌；库房编号标志，可写在库门上；货场货位编号标志，可竖立标牌；多层建筑库房的走道、支道、段位的编号标志，一般都刷在水泥或木板地坪上。但存放粉末类、软性笨重类货物的库房，其编号标志也有印制在天花板上的；泥土地坪的简易货棚内的货位标志，可利用柱、墙、顶、梁刷制或悬挂标牌。

② 编号标志制作：统一使用阿拉伯数字作为货位编号。在制作库房、走道、支道的编号标志时，可在阿拉伯数字外，再辅以圆圈，并且可用不同直径的圆表示不同位置的标志。

③ 编号顺序：仓库范围的房、棚、场以及库房内的走道、支道、段位的编号，基本上都以进门的方向按照左单右双或自左而右的规则进行。

④ 段位间隔：段位间隔的宽窄取决于储存商品批量的多少。

3.货位编号的方法

（1）地址法

利用保管区中现成的参考单位如楼栋、区段、排、行、层、格等，按相关顺序编号。如同地址中的市、区、路、号一样。通常采用的编号方法为"四号定位"法。

"四号定位"是采用4个数字号码分别对应库房（货场）、货架（货区）、层次（排次）、货位（垛位）进行统一编号。

比如，"3-4-3-8"编号，就是指3号库房（3号货场）、4号货架（4号货区）、第3层（第3排）、8号货位（8号垛位）。

① 货架货位编号。库区号是整个仓库的分区编号，货架号是按顺序将货架从左至右编号，货架层次号即从下层向上层依次编号，货架列号即面对货架从左侧起横向依次编号。

比如，3号库区2号货架第4层第3列用"3-2-4-3"表示。

编号时，为防止出现错觉，可在第一位数字后加上字母"K""C"或"P"来表示，这3个字母分别代表库房、货场、货棚。

比如，5K-8-3-18，即为5号库，8号货架，第3层，第18号货位。又如BK-3-4-2，即为B库房，3号货架，第4层，第2列。

② 货场货位编号。货场货位编号一般有两种方法：一是按照货位的排列编成排号，再在排号内按顺序编号；二是不编排号，采取自左至右和自前至后的方法，按顺序编号。

比如，D货场3号位4排2位用"DC-3-4-2"表示。

③ 以排为单位的货架货位编号。将库房内所有的货架，按进入库门的方向，自左至右安排编号，继而对每排货架的夹层或格眼，在排的范围内以自上至下、自前至后的顺序编号。

比如，4号库房设置16排货架，每排上下4层，共有16个格眼，其中第6排货架，第8号格眼用"4-6-8"表示。

④ 以品种为单位的货架货位编号。将库房内的货架，按商品的品种划分储存区域后，再按品种占用储存区域的大小，在分区编号的基础上进行格眼编号。

⑤ 以货物编号代替货架货位编号。适用于进出频繁的零星散装物料，在编号时要掌握货架格眼的大小、多少，应与存放物料的数量多少、体积大小相适应。

比如，某类商品的编号从10101号至10109号，货架的一个格眼可放10个编号的商品，则在货架格眼的木档上制作10101-10110的编号，并以此类推。

（2）区段法

把保管区分成不同的区段，再对每个区段进行编码。这种方法以区段为单位，每个号码代表的储区较大。货物所占区域大小根据物流量大小而定。

（3）品类群法

把一些相关性商品集合后，分成几个品类群，再对每个品类群进行编码。适用于容易按品类群保管的场合和品牌差距大的物料。例如：服饰、五金、食品等。

4.绘制货位图

货位图是指对仓库内存放货物的货位和通道的布置和确定，并通过货位编号对货位进行命名的图表。为便于管理及提高工作效率，可按照仓库内储存区域与货架分布情况绘制物料货位图。常见的表示方法有两种，分别如图1-11和图1-12所示。

```
A库：货架1、2、3、4、5 ------------------------ 玩具类
      货架6、7、8、9、10 ----------------------- 办公用品
      货架11、12、13、14 ---------------------- 体育健身用品类
B库：洗涤用品
C库：货架1、2、3 ------------------------------ 女性服装类
      货架4、5、6 ------------------------------ 儿童用品类
D库：家用电器类
```

图1-11　物料货位图示例一

品名	编号	库区号	货架号	货架层、列号
玩具熊	0015	A	1	3-1
城堡积木	0021	A	2	1-1
……				

图1-12　物料货位图示例二

5.货位编号的注意事项

① 物料入库后，应将物料所在货位的编号及时登记在保管账、卡中的"货位号"栏中，并输入电脑。货位编号输入的正确与否，直接决定出库货物的准确性，因此应认真操作，避免出现差错。

② 当物料所在的货位变动时，保管账、卡中的货位号也应进行调整，做到"见账知物"和"见物知账"。

③ 为了提高货位利用率，同一货位可以存放不同规格的物料，但必须采用具有明显区别的标志，以免造成差错。

④ 走道、支道不宜经常变动，否则不仅会打乱原来的货位编号，而且还要调整库房照明设备。

【实战工具01】▶▶ --

货位卡和物料编号资料表

货位卡

品名：　　　　　　　规格：　　　　　　　单位：

编号/批号		货位号		检验单号				有效期		复验期	
厂家批号											
日期		来源	去向	入库件数	入库量	出库件数	出库量	结存件数	结存量	签名	备注
月	日										

物料编号资料表

编号：　　　　　　　　　页次：

物料编号	类别	名称	规格	用途		单价	供应商	代用件编号
				专	共			

四、货架的选择

货架是专门用于存放保管物料的设施，它在保证物料本身的功能、减少物料的损失、便于清点管理以及仓库的机械化及自动化管理等方面有很大作用。因而货架的选择是很重要的。

1.普通货架

普通货架是目前仓库中广泛使用的一类货架。这类货架可从不同角度进行分类。

① 按载重量可区分为轻型、中型和重型三种货架。

② 按形状和用途可区分为H形、A形通用货架，条形货架，悬臂形货架，抽斗形货架等。

2.特殊货架

随着仓储专业化、机械化、自动化水平的提高，产生了各种不同类型的特殊货架，主要有以下几种。

（1）阁楼式货架

阁楼式货架的基本结构是在一层货架的顶部铺设顶板，再在其上安装一层货架。如果仓库的空间允许，还可以安装第三层货架。这种货架一般采用全装配式，拆装方便。使用这种货架，仓库空间的利用率可成倍提高。

（2）可进车货架

在仓库中，为了满足进出货物的要求，需要留出一定的通道。尤其是在利用机械进出货的仓库中，通道所占的面积更大，往往达到仓库面积的1/3～2/3，从而降低了仓库的平面利用率。为了减少通道的占用面积，专门设计了可进车的货架，使货架和通道成为一体。叉车进入货架内将货物卸放在货架上，然后按照从内向外的顺序推移，直至装满，而在取货时则从外向内按顺序进行。这种货架由于节省了通道占地，因而提高了仓库平面利用率。但是，这种货架不能达到"先进先出"的要求。

（3）传送带式货架

传送带式货架是将链式传送带、柱式传送带或滚轮式传送带安装在货架的间隔内并保持一定坡度，从一端放入的货物就会在其本身重力的作用下，沿传送带迅速移动到另一端。整个仓库只需在进出货的两端设置通道，从而提高了仓库的平面利用率。这种货架可以实现"先进先出"的目标，经济效益较好。

（4）移动式货架

显然，仓库货架排列得越密，仓库的利用率就越高。但是，由于必须要留足工人的操作通道和搬运机械的行走通道，因而货架不可能排列得太密。如果在地面上铺设轨道，让货架沿轨道运动，就可以使货架紧密排列而无需设置通道，存取货物时，只需让货架沿轨道水平移动，形成通道来进行存取操作。

（5）高层货架

为了节省用地面积，充分利用空间高度，工业发达国家近年来还大力发展了高层货架。高层货架是立体仓库的主要设施，它主要用于单元组合货载。在立体仓库中，一般不用叉车作业，而是采用沿货架运动的升降举货机。

第三节 自动化立体仓库规划

自动化立体仓库，是物流仓储中出现的新概念。利用立体仓库设备可实现仓库高层合理化、存取自动化、操作简便化。自动化立体仓库，是当前技术水平较高的仓库形式，在各行各界都得到了广泛的应用。

一、自动化立体仓库的分类

目前自动化立体仓库的分类方法主要有以下几种。

（1）按照货架高度分类

按照货架高度，可将自动化立体仓库分为表1-2所示的几类。

表1-2　自动化立体仓库按照货架高度分类

序号	分类	具体说明
1	低层自动化立体仓库	低层自动化立体仓库的建设高度在5米以下，一般都是通过老仓库进行改建的
2	中层自动化立体仓库	中层自动化立体仓库的建设高度在5米至15米之间，这个仓库对于仓储设备的要求并不是很高，造价合理，受到很多用户的青睐
3	高层自动化立体仓库	高层自动化立体仓库的高度能够达到15米以上，对仓储机械设备要求较高，建设难度较大

（2）按照货架结构分类

按照货架结构，可将自动化立体仓库分为表1-3所示的几类。

表1-3　自动化立体仓库按照货架结构分类

序号	分类	具体说明
1	货格式自动化立体仓库	货格式自动化立体仓库应用范围比较广泛，主要特点是每一层货架都是由同一个尺寸的货格组合而成的，开口是面向货架通道的，便于堆垛车行驶和存取货物
2	贯通式自动化立体仓库	贯通式自动化立体库的货架之间是没有间隔的，没有通道，整个货架组合是一个整体。货架是纵向贯通的，存在一定的坡度，每层货架都安装了滑道，能够让货物沿着滑道从高处向低处移动
3	柜式自动化立体仓库	柜式自动化立体仓库主要适合小型的仓储规模，可移动，特点是封闭性较强、智能化、保密性较强
4	条形货架式自动化立体仓库	条形货架式自动化立体仓库主要用于存放条形货物

（3）按照建筑形式分类

按照建筑形式，可将自动化立体仓库分为表1-4所示的几类。

表1-4　自动化立体仓库按照建筑形式分类

序号	分类	具体说明
1	整体式自动化立体仓库	整体式自动化立体仓库也叫一体化立体库，高层货架和建筑是一体的，不能分开，这样永久性的仓储设施采用钢筋混凝土构造而成，使得高层的货架也具有稳固性
2	分离式自动化立体仓库	分离式自动化立体仓库与整体式自动化立体仓库是相反的，货架单独建设，与建筑物分离

（4）按照货物存取形式分类

按照货物存取形式，可将自动化立体仓库分为表1-5所示的几类。

表1-5　自动化立体仓库按照货物存取形式分类

序号	分类	具体说明
1	拣选货架式自动化立体仓库	拣选货架式自动化立体仓库中，分拣机构是其核心部分，分为巷道内分拣和巷道外分拣两种方式。巷道内分拣一般可以理解为先把货物分拣好了再取货，巷道外分拣可以理解为先把货物取出后再进行分拣
2	单元货架式自动化立体仓库	单元货架式自动化立体仓库是常见的仓库形式。货物先放在托盘或集装箱内，再装入单元货架的货位上
3	移动货架式自动化立体仓库	移动货架式自动化立体仓库由电动货架组成，货架可以在轨道上行走，由控制装置控制货架的合拢和分离。作业时货架分开，在巷道中可进行作业；不作业时可将货架合拢，只留一条作业巷道，从而提高空间的利用率

（5）按照自动化程度分类

按照自动化程度，可将自动化立体仓库分为表1-6所示的几类。

表1-6　自动化立体仓库按照自动化程度分类

序号	分类	具体说明
1	半自动化立体仓库	半自动化立体仓库是指货物的存取和搬运过程一部分由人工操作机械来完成，一部分由机械自动控制完成
2	自动化立体仓库	自动化立体仓库是指货物的存取和搬运过程是机械自动控制完成的

（6）按照仓库在物流系统中的作用分类

按照仓库在物流系统中的作用，可将自动化立体仓库分为表1-7所示的几类。

表1-7　按照仓库在物流系统中的作用分类

序号	分类	具体说明
1	生产型自动化立体仓库	生产型自动化立体仓库是指工厂内部为了协调工序和工序、车间和车间、外购件和自制件间物流的不平稳而建立的仓库，它能保证各生产工序间进行有节奏的生产
2	流通型自动化立体仓库	流通型自动化立体仓库是一种服务性仓库，它是企业为了调节生产厂和用户间的供需平衡而建立的仓库。这种仓库进出货物比较频繁，吞吐量较大，一般都和销售部有直接联系

（7）按照自动化仓库与生产联系的紧密程度分类

按照自动化仓库与生产联系的紧密程度，可将自动化立体仓库分为表1-8所示的几类。

表1-8　按照自动化仓库与生产联系的紧密程度分类

序号	分类	具体说明
1	独立型自动化立体仓库	独立型自动化立体仓库也称"离线"仓库，是指从操作流程及经济性等方面来说都相对独立的自动化仓库。这种仓库一般规模都比较大，存储量较大，仓库系统具有自己的计算机管理、监控、调度和控制系统。又可分为存储型和中转型仓库，如配送中心就属于这类仓库
2	半紧密型自动化立体仓库	半紧密型自动化立体仓库是指它的操作流程、仓库的管理、货物的出入和经济利益与其他厂（或内部，或上级单位）有一定关系，而又未与其他生产系统直接相连
3	紧密型自动化立体仓库	紧密型自动化立体仓库也称"在线"仓库，是指那些与工厂内其他部门或生产系统直接相连的自动化仓库，两者间的关系比较紧密

（8）按照仓储的功能分类

按照仓储的功能，可将自动化立体仓库分为表1-9所示的几类。

表1-9　自动化立体仓库按照仓储的功能分类

序号	分类	具体说明
1	储存式自动化立体仓库	储存式自动化立体仓库以储存功能为主，采用密集型货架。货物的种类较少，数量大，存期长
2	拣选式自动化立体仓库	拣选式自动化立体仓库以拣选为主，货物种类较多，发货的数量小

二、自动化立体仓库的构成

自动化立体仓库的主体由如表1-10所示的几项构成。

表1-10　自动化立体仓库的构成

序号	构成	具体说明
1	高层货架	通过立体货架实现货物存储功能，充分利用立体空间，并起到支撑堆垛机的作用。根据货物承载单元的不同，立体货架又分为托盘货架系统和周转箱货架系统
2	巷道式堆垛机	巷道式堆垛机是自动化立体仓库的核心起重及运输设备，在高层货架的巷道内沿着轨道运行，实现取送货物的功能。巷道式堆垛机主要分为单立柱堆垛机和双立柱堆垛机
3	出入库输送系统	巷道式堆垛机只能在巷道内进行作业，而货物存储单元在巷道外的出入库需要通过出入库输送系统来完成。常见的输送系统有传输带、穿梭车（RGV）、自动导引车（AGV）、叉车、拆码垛机器人等，输送系统与巷道式堆垛机对接，配合堆垛机完成货物的搬运、运输等作业
4	周边辅助设备	周边辅助设备包括自动识别系统、自动分拣设备等等，其作用都是扩充自动化立体仓库的功能，如可以扩展到分类、计量、包装、分拣等功能
5	自动控制系统	自动控制系统是整个自动化立体仓库系统设备执行的控制核心，向上连接物流调度系统，接收物料的输送指令；向下连接输送设备，实现底层输送设备的驱动、输送物料的检测与识别，完成物料输送及过程控制信息的传递
6	仓库管理系统	仓库管理系统用于对订单、需求、出入库、货位、不合格品、库存状态等各类仓库管理信息进行分析和管理。该系统是自动化立体仓库系统的核心，是保证立体库更好使用的关键

三、自动化立体仓库的布置规划

自动化立体仓库总体布置规划要点如下所示。

1.货物的单元形式、尺寸和重量的确定

立体仓库是以单元货物搬运为前提，为了合理地确定货物单元的形式、尺寸及重量，需要对入库货物的品种进行综合分析，根据分析结果确定仓储作业的主要货物单元形式、尺寸和重量，进行仓库的货架、作业机械的合理配置。

2.仓库型式和作业方式的确定

确定仓库型式和作业方式应建立在区分仓储货物的品种及规格型号的基础上。具体要求如图1-13所示。

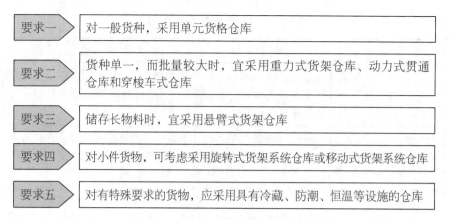

图1-13　仓库型式和作业方式的确定

3.货格尺寸的确定

在货物单元尺寸确定后，货格的尺寸主要取决于货物四周需留出的净空大小和货架的结构尺寸，同时，还应结合搬运机械的停车位置确定货格的尺寸。

4.仓储机械设备主要性能参数的确定

仓储机械设备的主要性能参数应根据仓库的运行规模、货物的品种和出入库频率等情况综合确定，主要是确定各个机构的工作速度、额定起重量等；对于输送机，则需确定其带宽、带速等；在确定各种仓储设备的速度时，应按照整个系统运行相协调的原则进行。

5.货架区与作业区衔接方式的确定

自动化立体仓库的作业区与货架区的衔接可采用堆垛机与叉车，堆垛机与自动导引小车（AGV）或输送机配套来解决；也可采用出入库月台装卸系统与输送机系统相连的方式来解决，在设计时应根据不同的需要确定不同的衔接方式。

6.货物单元出入库形式的确定

货物在自动化立体仓库内的流动形式有图1-14所示的三种。

图1-14　货物在立体仓库内的流动形式

以上三种布置形式有着各自的优点，在选择时，应结合场地和整个系统流程来综合确定。

7.堆垛机轨道铺设形式的确定

堆垛机是自动化立体仓库货架巷道作业的主要机械设备。堆垛机的数量应根据出入库频率和堆垛机的作业周期来确定，一般要求每个巷道中铺设一条轨道。实际上，由于堆垛机的走行速度一般都在80米/分，最高可达到160米/分，载货台的升降速度一般在20米/分，最高可达到60米/分，每个巷道的作业量一般都小于堆垛机的理论效率，因此，有必要在货架间安排一些弯道，方便堆垛机在不同巷道间的调动。

8.仓库出入库台形式的确定

出入库台应根据自动化立体仓库的物流形式，在物流路径的终点设置。其形式应结合货物单元的出入库形式来确定，一般有同端出入库台、两端出入库台和中间出入库台。

小提示

在进行自动化立体仓库设计时，还应结合仓储物流系统，对仓库的结构、消防、照明、信息化等提出相应的要求，以确保物流搬运系统的高效运作。

四、选择自动化立体仓库需考虑的问题

自动化立体仓库提高了物流作业水准，同时也需要企业投入更多的成本。因此，企业在选择仓库自动化时应该考虑以下几个问题。

1.要对项目进行审视，着眼于实际业务需要，而不是为自动化而自动化

在考虑自动化时，还要考虑与它相配套的手工作业。事实上，基本上没有哪一个立体仓库是真正的自动化立体仓库，任何立体仓库都是自动化与手工的结合。确定项目时，需要建立计划数据库。一般情况下需把未来3～5年内仓库的吞吐量、存储容量、订单货物的类别等要素考虑进去。

2.要进行技术评估，确定是否需要自动化及自动化的程度

根据库房吞吐量和存储需要，可以确定是否需要自动化和自动化要达到的程度。按照作业水平可以把库房作业分成由低到高的四个层次，如图1-15所示。

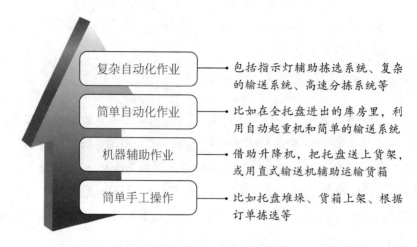

图1-15　库房作业的四个层次

随着库房作业复杂程度和库房容量的增长，企业的选择也会跟着变化。比如，当库房每小时处理的订单超过500个时，自动化作业就可以被提上议事日程了。

3.要对设备的性能进行详细审视

当确定有必要实施自动化以后，下一步就要对设备的性能进行详细审视。每个被选设备的可选特性只需通过"是/否"备选框，就可以挑选出来。

比如，对严格实行"先进先出"的库房来说，单倍深自动存储系统就足够了，无须采用双倍深的存储系统或密集的起重机系统。

对设备的特性进行细致的评估后，就能得出哪些设备是必须要配备的，哪些设备是可以舍弃不用的。这个过程结束后，可能只有两三种比较适合的方案留下来，进而对剩下的两三种方案进行全面成本比较，比较的时候要把相关的成本都考虑进去。

比如，在考虑设备资金投入的基础上，应把占用的空间、操作工的数量、维修与保养的费用等都考虑进去。

一般来说，可能发生的具体成本支出包括图1-16所示的内容。

图1-16　可能发生的具体成本支出.

需要注意的是，这些支出有的是一次性支付的，有的是分期支付的，企业应衡量每一种方案的年度运营支出。较为妥当的办法是，把与库房自动化项目相关的支出，根据设备的折旧年限和期望报酬率进行折现，比较每种方案的折现现金流，就像住房按揭一样，把一次性或周期性的成本支出换算成一定年限内的平均支出来进行比较。

4.根据计划阶段设定的作业环境参数和意外情况，做敏感度分析

通过分析作业环境改变之后最终选中的方案是否会发生改变，可以发现方案的潜在缺陷。这时，计算机仿真测试就会派上用场了。

比如，测试自动存储系统的一个起重机发生故障后，判断其对整体作业的影响，只需输入相关参数就可以了。

在重大自动化项目中，这是很有必要的，在计算机上对方案进行测试是非常容易的，当进入签约阶段，发现不适合，再想改变就难了。

通过逐渐缩小选择范围的方法，能把各个型号的自动化设备都考虑进去。只有通过这样彻底的分析，才能选中一个合适的自动化系统。

第四节　仓库设备配备

工欲善其事，必先利其器。如今仓库管理离不开各项仓库软硬件设备，而且仓库工作人员也需要借助各种各样的设备，来保障人的安全、货品的高效仓配和安全。

一、消防设备

之所以把消防设备放在第一位，是因为作为仓库的管理者和经营者，消防安全管理是仓储工作的重中之重。为了保障仓库的消防安全，必须根据存储商品的种类及性质配备相应的消防器材和设备。常见的消防设备有消防栓、消防管道、烟雾报警器、灭火器、防烟面具、防护服等。

二、装卸搬运设备

装卸搬运设备主要在仓库作业（出入库、移库、装卸货、调库）的过程中使用，是为了实际管理需要实现商品物理移动的工具。

1.搬运设备的类别

① 搬运车：用来搬运物料的设备，包括人力搬运车，如手推车、手动叉车、拉车、货架车等；机动搬运车，如自动搬运车、电瓶车、托盘搬运车、牵引车等；叉车，如重力平衡式、侧叉式、插腿式、旋转式、抱式叉车等。

② 输送机：用来传输物料的设备，包括辊子输送机、辊轮输送机、带式输送机、悬挂链式输送机、平板式输送机、卷扬机等。

③ 起重机：用来使物料垂直移动的设备，包括手动及电动葫芦、巷道及桥式堆垛机、门式起重机、天车等。

④ 升降装置：用来使物料升高或降低的设备，包括电梯、升降机、升降台、缆车等。

⑤ 辅助搬运器具：用来装载物料的器具，包括各种托盘，如平托盘、柱式托盘、网式托盘、箱式托盘等；各种器皿，如物料盒、液体罐、桶类等；各种箱类，如纸箱、塑料箱等。

2.搬运设备的选择

搬运设备的种类越多，选择的余地也就越大。选择正确时可以带来便利，但如果选择错了，反而会更糟糕。所以，选择搬运设备时要考虑其特性。以下介绍的一些特性可供参考。

① 可靠性：设备的可用程度、可信程度与可维修性。

② 安全性：对安全作业的保证性能。如人员的安全性与存在的威胁、设备的正常运转、物料的被损害性、环境污染等。

③ 适合性：设备的功能、强度、耐力和寿命，如设备是否机动灵活、一机多能、抗环境应变能力强等。

④ 经济性：反映搬运成本的一些因素。

⑤ 有效性：反映使用效果的一些因素。

⑥ 可行性：资金与市场供应的现实性等因素。

搬运设备的选择依据如图1-17所示。

图1-17　搬运设备的选择依据

3.搬运设备的配套管理

搬运设备的组合与配套管理是决定其整体能力发挥的关键因素，合适的配套可以使搬运设备取长补短、相互促进，发挥最佳效能。

搬运设备配套的主要内容如图1-18所示。

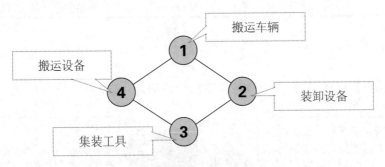

图1-18　搬运设备配套的主要内容

三、检验设备

检验设备主要指仓库在入库验收环节、在库质量检查环节和出库交接环节中使用的度量衡设备和量具及商品检验的各种仪器等。常见的有磅秤、标尺、卡钳、自动称重设备等。

仓库的计量设备可分为称量设备和量具两类。

1.称量设备

仓库常用称量设备有表1-11所示几种。

表1-11　称量设备的分类

序号	分类	具体说明
1	天平和案秤	天平用于称量体积小、计量精度高的小件贵重物料，如贵重金属、高纯度化工原料等。天平一般用"克"或"毫克"作计量单位。案秤也适用于小件物料的称量，一般用于20千克以下物料的称量
2	台秤	用于称量20千克以上的物料。它有移动式和固定式两种类型。这是仓库中应用最广的一种计量设备
3	地中衡	又称汽车衡。实际上是将磅秤的台面安装在车道路面上，使进出运料的车辆从其上通过，从而称出重量
4	轨道衡	这是大型有轨式地下磅秤，适用于火车等车辆称重。载重车在轨道衡上称出毛重，减去车皮自重，即可得出货物的重量。其称量范围一般大于60吨

续表

序号	分类	具体说明
5	自动称量装置	自动称量装置按其作业原理不同，可分为液压秤和电子秤两类。其特点是在装卸物料过程中就能计量货物的重量，如称量装置与吊钩连为一体的呆钩秤。这种装置可缩短物料出入库的检验时间，降低作业量。但这种装置误差比较大，且容易损坏，造成误差

2.量具

仓库使用的量具一般有普通量具和精密量具两类，如图1-19所示。

主要指度量材料长短的量具，分直接量具和辅助量具。直接量具有直尺、折尺、卷尺等，辅助量具有卡、钳、线规等

普通量具

精密量具

指游标卡尺、千分卡、超声波测厚仪等能精确地测量物料规格的量具

图1-19　仓库使用的量具

四、储存设备

仓库的储存设备是指用来存放各种物料的容器和设备，包括各种料架、料仓、料槽、储罐等。根据物料的物理化学性质和形态的不同，储存设备一般分为以下三类。

1.保管一般物料的储存设备

该设备适用于存放各种金属材料、机械零件、配件、工具等。料架按用途可分为通用料架和专用料架。通用料架分为层式、格式、抽屉以及橱柜式等，适用于保管体积小、重量轻、品种规格复杂的金属制品、轴承，存放工具、机电产品等。专用料架则是根据物料的特殊形状而设计的，用以保管一定类别的物料，如存放小型条钢和钢管的悬臂式料架。

2.保管块粒状和散装物料的储存设备

该设备适用于存放散装原料，比如散装螺丝、铆钉等的各种料仓、料斗等。

3.保管可燃、易燃液体材料及腐蚀性液体的储存设备

该设备适用于存放汽油、柴油、润滑油，以及各种酸、碱和其他化工产品等，例如各种形式的瓶、桶、储罐。

五、通风、照明、保暖设备

通风、照明、保暖设备主要用于对物理环境有要求的存储商品和仓库作业，常见的有除湿机、抽风机、联动开窗机、防爆灯、防护隔热帘等。

六、养护设备

一般应用于对仓库产品质量的维护和监控以及设备的维护，常见的有：温湿度控制器、自动喷淋装置、除锈机、烘干机等。

第五节　仓库管理规划

为了加强企业的仓库管理，提高仓库工作效率，必须对仓库的管理工作进行规划，建立仓库管理组织，明确仓管人员的职责，建立仓库管理系统和制度，并建立以计算机为基础的操作作业标准。

一、优化仓库管理组织

仓库管理组织是根据仓库管理的需求而建立的，不同企业的仓库管理形式有所不同，但仓库管理的内容大致相同。

1.仓库管理工作的内容

常见的仓库管理工作大致有以下几个方面。

① 物料需求计划制订工作。

② 物料发料工作。

③ 物料盘点工作。

④ 物料收料工作。

⑤ 仓库管理工作。

⑥ 物料稽核工作。

⑦ 物料点数工作。

⑧ 物料开单工作。

⑨ 仓库人员管理工作。

2.仓库管理组织形式

仓库管理组织形式不是凭空而来的，不仅要依据以上工作内容，还要考虑到其他因素。具体如图1-20所示。

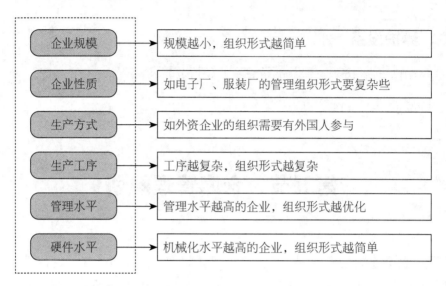

图1-20　建立仓库管理组织形式需考虑的因素

由于仓库管理的组织形式具有灵活多变性，因而仓库管理的组织形式没有一个固定模式。

（1）按层级划分

按层级可分为直线式组织形式、直线职能式组织形式。

① 直线式组织形式。如果仓库比较小，人员不多，业务简单，就宜选用直线式的组织形式，如图1-21所示。在这种形式中，指挥和管理职能基本上都是由仓库主管亲自履行，指挥管理统一，责任权限较明确，组织精简，不设行政职能部门、班、组。

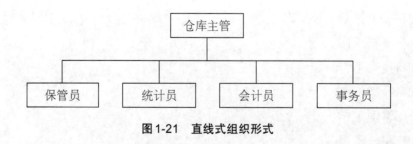

图1-21　直线式组织形式

② 直线职能式组织形式。这是按照一定的专业分工、职能来划分部门、建立行政领导系统的组织形式，如图1-22所示。这种形式虽然是按照仓库统计的计划和部署进行工作，但也会发生种种矛盾，因此要有制度去规定各部门间的协作与配合。

图1-22 直线职能式组织形式

（2）按作业性质划分

按作业性质划分，是指在仓库管理组织中，根据管理的职能将人员划分为计划人员、记账人员、收货人员、保管人员、发货人员、搬运人员等，如图1-23所示。

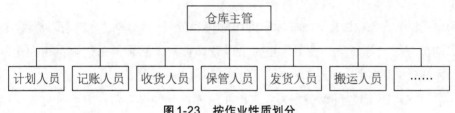

图1-23 按作业性质划分

（3）按仓库类型划分

企业有可能按货物的类别对仓库进行分类，如工具仓、成品仓、半成品仓、材料仓，材料仓又可能分为电子材料仓、五金仓、塑胶原料仓、塑胶品仓、包装材料仓等。其组织形式也就按仓库类型来架构，如图1-24所示。

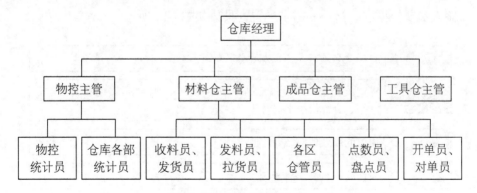

图1-24 按仓库类型分类

3.选定仓库负责人

有一种错误的观念，认为仓库管理工作并不具有什么技术性，因而不需要太重视。事实上，在企业的生产体系、销售体系的循环流程中，仓库负责人员扮演着极其重要的角色。仓库调配方面是否处理得井井有条，与企业是否能够健康成长息息相关。所以仓库负责人应是一位有能力的管理者。

一般来说，仓库负责人（管理者）应该具备下列条件。

① 掌握商品知识：对于所处企业经营的商品或产品不仅要有丰富的知识储备，而且要了解透彻。

② 了解物品的特性：物料、产品和商品都不会说话，但是它们却都拥有不同的品目特性。

换言之，就是"易于保管的物品""难以保管的物品""易于陈旧过时的物品""易于劣质化的物品"……对于各种物品的特性都需有充分的认识。

③ 具备品质管理的基本知识。

④ 计算能力强。

⑤ 办事能力强：由于要面临频繁的出库传票处理、账簿记录户头的整理与规划，以及实地盘存作业等事务，业务繁重，所以仓库负责人必须具备能够迅速而正确处理事务的才能，方可愉快、游刃有余地工作。

⑥ 能够确切了解各种财务报表：若欲厘清库存品的盘存情况并合理处置，则要能看懂财务报表，深切了解报表的意义与目的，且能对报表提供的信息加以计算整理。

满足上述六项最起码的条件，才有资格担任仓库负责人。

4.配置仓储人员

（1）配置的要求

仓储人员要根据仓储岗位的需求配置，具体如图1-25所示。

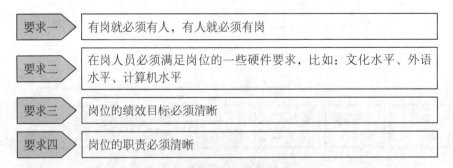

图1-25 仓储人员配置要求

（2）仓储人员的素质要求

仓管员需具备一定的专业素质，熟练掌握计量、衡量、测试用具和仪器的使用；掌握分管物料的特性、品质标准、保管知识、作业要求和工艺流程；掌握仓库管理的新技术、新工艺，适应仓储自动化、现代化、信息化的发展，不断提高仓储的管理水平；了解仓库设备和设施的性能和要求，督促设备维护和维修工作。

二、建立仓库管理系统

仓库管理系统是一种专门用于仓库作业管理和控制的软件系统。它通过集成计算机硬件和软件技术，实现对仓库物料入库、存储、出库等各个环节的实时跟踪和监控，以及对库存数据的统计和分析。仓库管理系统以提高仓库作业效率和降低运营成本为目标，为企业提供了全面、高效、精准的仓库管理解决方案。

仓库是企业不可分割的一个重要部门，仓库管理系统实际上就是企业管理系统的延伸，但是仓库又相对独立于企业其他部门，所以要有相对独立的管理系统。因此，要想确保仓库管理系统的成功运行，图1-26所示的几点是关键。

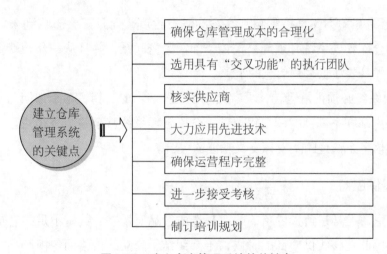

图1-26　建立仓库管理系统的关键点

1.确保仓库管理成本的合理化

① 仓库空间的优化使用。要从尺寸大小、物体重量和特别操作要求等方面入手，由仓管员从各种计算数据中找到最实用和最恰当的解决方案，为物料在仓库中寻找最佳储存空间。

② 把低效率操作减少到最低限度，尽量避免重复劳动。

③ 反复清点库存。这项工作必须按照日常工作时间表进行，入库的原材料、成品必须经检验合格后方可办理入库手续。保管人员应查验检验人员出具的检验结论、合格证等。对保管物料登记入册，利用已有标志或新加标志和卡片标签等，标明物料规格型号、名称与数量，做到账、卡、物一致。只有反复清点仓库中产品的种类和数量，才能确保仓库管理系统的正常运行，提高任何时候的存货精度。

④ 强化管理。这是每日忙于配送的仓管员的不可推卸的职责和义务。

⑤ 无论是手工操作还是电脑辅助管理都必须照章办事，提高货物储存整体的严密性、可靠性和安全性。

2.选用具有"交叉功能"的执行团队

公司内部各个部门不一定直接与仓库管理系统产生联系，但是在工作中常常会联系到仓库业务。因此，下述工作也是仓库管理系统中的重要内容。

① 采购往往需要在下订单的时候认真做好信息汇集、数量清点、质量检验、数据核对、收货确认和反复盘点工作，保证仓库管理系统功能的正常发挥，实现有效的库存管理和控制，减少额外的采购，同时保证库存量满足客户订货或企业生产计划的需要。

② 销售的好坏不仅直接影响到客户的满意程度，而且还会影响到公司的业务发展，因此，仓库管理系统必须与公司销售部门紧密联系，并且从一开始就要全程做好信息共享，尤其要注意客户信息的汇总。

③ 信息系统必须正常运转，没有信息系统强有力的支持，各个部门乃至每一个管理员之间的内部联系都会瞬间变得迟钝，仓库管理系统甚至整个公司的管理系统将会陷入瘫痪，信息系统是团队发挥交叉功能的关键。

3.核实供应商

进货渠道，尤其是负责供货的厂家是造成产品质量差、数量不足或者加工问题频发的根源，因此在核实供应商的时候，不要纠结于产品的价格而忽视产品的质量等关键问题，特别要注意供货商的信誉。信誉是产品货真价实的决定性因素，良好的信誉就是产品质量的保证。仓库必须有一整套核实供货商的规划和管理措施，甚至可以采取"货比三家"的传统方法辨别供货商的优劣。

4.大力应用先进技术

仓库管理中应用最普遍的技术是条形码自动识别技术，不论物流流向哪里，条形码都可以自动记录下货物的流动状况。

利用条形码自动识别技术可对仓库中的每一种货物、每一个货位做出书面报告，可定期对库区进行周期性盘存，并在最大限度减少手工录入的基础上，确保差错率降至零，且高速采集大量数据。仓管人员用手持式条形码终端对货位进行扫描，扫入货位号后，对其上货物的物料编号进行扫描，从而实现对仓库中货物的清点。然后，将条形码终端采集到的数据通过通信接口传给计算机。仓库管理系统中如果配置条形码打印机，则可打印各种标签，如货位、货架用的标签，物料标示用的标签，并标明批号、数量。

5.确保运营程序完整

仓库系统本身是一个工程项目，需要有自己的一整套运营程序，其中包括挑选、收货、反复核对数量、包装、进货订购、采购、加工返回等，这一切都受到仓库管理程序或者仓库管理系统工程项目的制约。其具体部署包括以下内容。

① 制订程序总规划，凡是必不可少的程序都必须详细周到。

② 分析各项程序，通过核查对照，确保程序与仓库管理系统的每一个环节完全吻合，然后把各项程序写成文件，以便在日常工作中遵照执行。

③ 对过去的管理程序加以改进，或者全面贯彻执行新的管理程序。

6.进一步接受考核

仓库管理程序中的每一步都必须接受考核，测出其精确程度和运行规律，预先找出程序或者规划中存在的隐患，把所有的考核详情记录在案。这样做的主要目的就是确保客户服务不受损害，同时为仓库的日常工作和仓库管理人员的培训计划提供必要的资料。

7.制订培训规划

培训的目的就是保障仓库管理系统的正常运转，为此，仓库管理系统的管理人员必须对仓库员工进行培训，培训对象不仅仅是新进员工，也包括仓库老员工，只有获得良好培训的员工才能正确实施和操作管理系统，发挥其优势。

三、制定仓库管理制度

仓库管理制度是指对仓库各方面的操作流程、作业要求、注意细节、7S 管理标准、奖惩规定、其他管理要求等进行明确的规定，给出工作的方向和目标、工作的方法和措施，且在广泛的范畴内是由一系列其他流程文件和管理规定构成的规范，例如"仓库安全作业指导书""仓库日常作业管理流程""仓库单据及账务处理流程""仓库盘点管理流程"等。

1.建立制度的原则

建立相关制度要遵循表1-12所示的原则。

表1-12　建立制度应遵循的原则

序号	原则	具体说明
1	职责和权利的对称性原则	仓库管理中最基本的原则就是职责和权力的对称性，一旦被授予一定的权利，就要承担与之相适应的责任。规定不同岗位、不同职务的人所要承担的责任和权利，以达到领导和控制的目的
2	统一指挥、服从命令原则	该原则是建立在明确的权力系统之上的一个基本原则。权力系统要依靠上下级之间的指挥链形成。指挥链就是指挥信息的传输系统。如果破坏了指挥链，就不可能统一整个组织人员的思想和行为使其朝着共同的管理目标而努力
3	合理分工与密切协作原则	合理分工与密切协作原则体现个人与团队精神。物流仓库管理组织是在任务分解的基础上建立起来的，合理的物流仓库管理分工便于积累经验和实施专业化的物流业务，也有利于做到权责分明，调动管理组织成员的工作积极性和创造性，从而提高物流仓库管理效率

2.应建立的制度

根据以上原则，结合企业的实际情况，通常需要建立下列相关的仓储制度。

① 仓库日常管理制度。

② 信息流管理制度。

③ 仓库安全卫生制度。

④ 物料储存保管制度。

⑤ 仓库盘点制度。

⑥ 物料编号制度。

⑦ 仓库人员绩效考核制度。

下面是一份××公司仓库管理办法的范本，仅供参考。

范本

××公司仓库管理办法

1 目的

为使仓库有效运作及管理有所依循，特制定本管理制度。

2 范围

适用于公司各仓库物料的收发、储存、保管、搬运、盘点，呆废料、单据及账务处理等工作。

3 职责

3.1 计划部（仓库）：负责严格按本制度执行仓库管理工作。

3.2 财务部：负责定期或不定期检查仓库执行本管理制度的情况。

3.3 稽核部：负责定期或不定期稽核仓库执行本管理制度的情况。

4 作业规范

4.1 收发规定

4.1.1 仓库员对入库物料的数量、规格、质量、品种及配套情况应进行细致验收，做到准确无误；在验收中，发现数量短缺、规格不符、质量低劣、品种及配套件不全的问题，要及时与相关人员联系并做出恰当处理，重大问题要及时向上级汇报。

4.1.2 凡采购或加工入库的物料出现名称不对、规格不清、数量不符等问题，仓管员有权拒绝验收；同时凡仓库出库的物料存在名称不对、规格不清、数量不符等问题，仓管员有义务接受并承担相关责任。

4.1.3 仓管员在收发过程中，不得超量发料或发货（供应商送的不计价备品除外）。

4.1.4 仓库备（发）料遵循"先进先出"原则，并注意收、发料时要采取适当保护措施。

4.1.5 仓库主管、组长应随时对下属仓管员的收发情况进行监控，发现异常情况要及时处理或报告。

4.1.6 物料的进仓、出仓作业由相应仓管员主导，其他人员不得擅自对物料进行处理。

4.2 保管、储存规定

4.2.1 物料验收入库后，要及时上架或堆垛摆放储存，储存应遵循以下三项基本原则。

① 防火、防水、防压。

② 定点、定位、定容、定量。

③ 先进先出。

4.2.2 为方便存取物料，对仓库进行分区、分类、分架、分层及定置管理，并根据划分情况绘出仓库平面示意图、物料储存分布示意图等。发生调整时，应及时进行相应修正。

4.2.3 物料储存要分门别类，按"先进先出"原则堆放物料，填写物料标识卡等，并没有相应账目以供查询。

4.2.4 因有批次规定、色别规定等特殊原因而不能混放的同一物料应分开摆放。

4.2.5 物料储存要尽量做到"上小下大，上轻下重，左整右零，前整后零，不超安全高度"。

4.2.6 物料不得直接置于地上，必要时加垫板、纸皮或将其置于容器内，予以保护存放。

4.2.7 任何物料不得堆放在仓库通道上，以免影响物料的收发。

4.2.8 不良品与良品必须分仓或分区储存、管理，并做好相应标识。

4.2.9 储存场地须适当保持通风、通气、通光，以保证物料品质不发生变异。

4.2.10 对于有特殊保管要求的物料（如危险品、贵重物料、易变质物料、有保存期限的物料等），应考虑适当的防护措施，以保证物料的安全性与品质不受到影响。

4.2.11 根据物料自身特性，设置物料储存期限表，对超过期限的物料，应提出品质判定要求，确保不合格物料不被发放到生产现场使用。

4.2.12 对库存时间超过呆滞期限并且无动用或月动用量不足物料总量20%的物料，应进行处理，具体依呆废物料处理作业流程处理。

4.2.13 仓管员发现物料接近最低储备量或超过最高储备量时，应及时向部门主管反映，提出物料采购申请或停止采购的意见。需订购超过最高储备量的物料时，仓库应先接收到库存订购通知才允许入库，对物料进行积极管制以保证供应不断线、储存不积压。

4.2.14 仓库主管、仓库组长、稽核小组成员、财务人员等应定期或不定期地对仓库物料的保管、储存情况进行检查，及时发现问题，进行现场处理（包括处罚、培训、指导等）。

4.3 搬运规定

4.3.1 叉车载物行驶时应遵循有关叉车的安全使用规定，机动叉车驾驶人员应取得有关叉车的有效证件。

4.3.2 人力搬运时应做到轻拿轻放，注意人身及物料的安全。

4.3.3 搬运过程中防止物料、产品混淆堆放。

4.3.4 在搬运物料过程中，必要时应使用适当的容器，防止对物料造成损伤。

4.3.5 搬运危险物品时应按产品特性采取相应防护措施。

4.3.6 使用搬运工具时，应注意物料的堆叠，以能顺利通过厂区划定的通道为限，高度不得超过安全高度（1.5米）。

4.3.7 仓管员应对搬运人员提出合理的搬运要求，确保搬运作业安全、高效。

4.4 单据处理规定

4.4.1 仓库所有单据均用不易褪色的笔（仅限圆珠笔、签字笔）按单据填写要求填写，遵循完整、准确、清晰的填写原则，对于不符合要求的单据，仓库有权要求相关部门改进。

4.4.2 每日产生的单据最迟于第二天上午9：30分类归档、保管好，并传送到相关部门。

4.4.3 仓库留存当月产生的单据时应做好标识，并最迟于月底按类别统一用纸箱装好交仓库主管或仓库主管指定的人员保管。

4.4.4 仓库主管、组长随时对下属仓管员的单据处理情况（包括单据填写、传递、接收、保存、输出等）进行检查，要求操作不规范者限期改善，并给予必要指导。

4.5 账务处理规定

4.5.1 物料验收入库后，要建账、建卡，账务登录要有合法、有效的单据作支持，不可凭空想象或有实物异动时不开单据。

4.5.2 所有产生的单据要在2个工作小时内完成ERP审核工作。

4.5.3 仓库主管、仓库组长、稽核小组、财务人员应定期或不定期对仓管员的ERP审核情况进行抽查，发现异常情况及时处理，确保"账、卡、物、证"一致。

4.6 盘点规定

4.6.1 仓库须按公司财务部门要求定期对库存物料进行盘点，年终应重点盘存一次，进行账、物核实；如出现盈、亏或数据不准的情况，要查明原因，分析不足之处，并分别填写盈、亏表格，经部门主管批准后，方可进行账面和ERP数据的调整。

4.6.2 仓管员在发现库存出现异常状况时，应对异常物料实施抽查、抽盘作业。

4.6.3 仓库主管、仓库组长、稽核专员、财务人员、生产管理部人员应定期、不定期地对仓库物料进行抽盘，并将抽盘结果作为考核仓库人员工作绩效的一项指标。

4.7 退货产品及呆废料处理规定

4.7.1 客户退货产品处理具体依《客户退货处理作业流程》执行。

4.7.2 呆废物料处理具体依《呆废物料处理作业流程》执行。

4.8 消防安全规定

4.8.1 仓管员必须接受消防安全知识培训，并会使用仓库配备的安全消防设备、设施及消防器材（如消火栓、灭火器等）。

4.8.2 仓管员在摆放物料时不得堵塞安全消防通道，不得遮挡消防器材，必须保证仓库的安全消防设备、设施、消防器材能够在必要时立即投入使用。

4.8.3 仓管员有责任保证仓库安全消防设备、设施的完整、完好。

4.8.4 仓管员有责任检查仓库安全消防设备、设施的有效性，如消火栓能否喷水、灭火器是否在有效期内等。

4.9 工作纪律规定

4.9.1 仓管员应服从上级安排，做到令行禁止。

4.9.2 仓管员应有良好的配合、服务意识，按要求做好备料、发料工作，并及时为相关部门提供准确的库存报表及信息。

4.9.3 要注意保管仓库内设置的安全防范设施，对于门窗、照明灯及风扇，仓管员离开时应及时关闭；仓管员不得监守自盗，严禁公物私用。

4.9.4 仓管员不得收受供应商礼金与物品，更不能因此损害公司利益。

4.9.5 无关人员未经仓管员允许，不得随意进入仓库；仓库内严禁吸烟，严禁吃零食，严禁打瞌睡，严禁三五成群喧哗聊天。各部门领料员、外加工商及供货商进入仓库时，要有仓库相关人员的陪同。

4.9.6 仓管员有责任对违反仓库管理制度的行为予以制止，制止不听的报仓库主管或开具稽核处罚单报稽核专员处理。

4.9.7 仓管员因当天工作未完成而需加班的，必须服从加班安排。

4.9.8 所有仓管员离职或调岗，均须与接手人员办理好账、物交接手续（包括物料的整理、盘点工作）。因各种原因，接手人员未能及时到位的，由仓库主管或仓库组长或仓库主管指定的代理人员办理交接。若未交接清楚，离职或调岗的仓管员须延长在岗时间，直至完成交接。

4.9.9　仓管员因各种原因需请假的，必须填写请假单，经仓库组长、仓库主管审核同意，并有明确的职务代理人代理工作时，方可请假。

4.9.10　仓库主管、仓库组长、稽核专员应随时巡视仓库工作纪律情况，对违纪现象予以制止和纠正，并采取相应的预防措施。

4.10　处罚规定

4.10.1　无有效进、出仓手续资料，仓管员私自进行物料收发的，处罚责任人10元/次。

4.10.2　离职或调岗的仓管员未与接手人员办理账、物交接的，处罚责任仓管员50元/次；若交接过程中接手人发现账、物不符的，处罚责任仓管员5元/种物料；交接清楚后出现的账、物不符的，责任由接手人承担。

4.10.3　收料进仓时，仓管员须按要求摆放物料，并做好标识，若违反，处罚责任仓管员5元/次。

4.10.4　仓库备（发）料未遵循"先进先出"原则而随意发料的，处罚责任仓管员5元/次。

4.10.5　仓库物料没有建立账、卡的，对责任仓管员处罚5元/种。

4.10.6　不良品与良品必须分开储存、管理，并做明确标识，若违反，处罚责任仓管员5元/次。

4.10.7　对因批次、色差等不能混放的物料而未分开摆放的，处罚责任人5元/种。

4.10.8　因搬运不当而造成物料损坏的，对责任人罚款5元/次。

4.10.9　违反单据、账务、退货品及呆废料处理规定的，按流程相应规定进行处理。

4.10.10　非本仓管员不得擅自动用仓库物料，违者罚款10元/次；仓管员听之任之、不加制止的，罚款100元/次。

4.10.11　无关人员未经允许随意进入仓库，仓管员未制止的，罚款100元/次；对于制止但未听者，罚款10元/次。

4.10.12　在仓库内抽烟者，罚款200元/次，并对责任仓管员处以100元/次的罚款。

4.10.13　仓管员监守自盗或公物私用的，一经查实一律开除，扣除所有工资，情节严重的，移送公安机关处理。

4.10.14 收受供应商礼金与物品、损害公司利益的，一律开除，扣除所有工资，并按《赔偿管理制度》处理，情节严重的，移送公安机关处理。

4.10.15 仓库主管、仓库组长因对下属监控不力而出现违规事件，应负部分连带责任，具体依《问责制》处理。

4.10.16 仓管员提供错误库存信息的，处罚责任人100元/次。

4.10.17 对于盘点中出现的问题，按《盘点管理制度》处理。

4.10.18 请假而未有职务代理人代理工作的，处罚责任人100元/次。

4.10.19 违反本管理制度处罚规定中的未尽事项者，按相关制度、规定处理，相关制度、规定未明确的，一律处罚5元/次。

四、建立仓库作业流程

针对仓库的整体运作包括入库、出库、盘点、库内管理、在途运输状况追踪等，都要制定符合企业每一发展阶段的流程，并按流程坚决地执行和监督，才能做到百分之百地准确把握和了解，让企业随时都可以了解货物的动态库存和运输状况。

1.用单证贯穿于整个物流仓储过程

用单证贯穿于整个物流仓储过程，凭单据出货、入货、调库，当出现问题时单证也是可查找出原因的凭证。单证主要有出库时的提货单、入库时的入库申请单、调库时的调库单，其中品名、数量、批号、库位都贯穿于单据的始终。也就是说，出库时在提货单上能够找到相对应货物的牌号、数量、批号；入库时入库申请单上也应该有相应货物的库位、批号、数量等；调库时调库单上也应该有相应货物的原库位、现库位、批号、数量等。这就保证了单与实货、库位与单、库位与实货的一致性，就能够精确地对货物起到跟踪定位作用，提高找货效率，进而把精力和注意力转移到控制出货质量、库内管理上。

对沟通流与命令流的集中管理，凡入库申请单、出货通知单都集中到仓管班长那里进行审单派单，所有的问题都统一观点后再与兄弟部门沟通，避免出现多头命令和沟通的障碍，把原本简单的问题弄得毫无头绪。

2.完善作业流程

一个完善的仓库管理标准作业流程包括表1-13所示的几个关键步骤。

表1-13　作业流程应包含的步骤

序号	流程步骤	具体说明
1	入库管理	货物入库是整个仓库管理流程的第一步，在这个过程中，仓库管理员需要按照规定的标准验收货物，并正确进行库存登记和存放，提高货物的可追溯性和库存记录的准确性
2	存储管理	好的存储管理系统可以最大限度地利用仓库空间，并确保货物的安全，在存储管理中，需要制订合理的货物分类和货架布局规划，并定期盘点、整理库存，保持仓库内部整洁有序
3	出库管理	出库管理是仓库管理流程中的重要环节，仓库管理员需要根据客户需求进行及时、准确的货物拣选和包装，并安排配送。合理的出库管理可以提高订单处理的效率，减少发货错误和客户投诉的风险
4	库存管理	库存管理是仓库管理的核心要素之一，合理的库存管理可帮助企业达到最优化的库存水平，既能保障生产所需，又能避免过多的库存积压。这个过程需要仓库管理员定期进行库存清点和周转分析，及时调整采购计划和库存策略
5	监控和指标	一个优秀的仓库管理流程应该具备监控和指标体系，以实现对整个仓库运营情况的跟踪和评估，通过监控和指标，可以及时发现问题，进行持续改进，提高仓库管理的效率和质量

五、使用先进的仓储软件

随着技术的发展，仓储软件在仓库管理中发挥着越来越重要的作用。常用的仓储软件有以下几种，需要根据具体需求和公司规模来选择适合的软件。

1. WMS（Warehouse Management System）软件

它是一种大型的、集成化的仓库管理软件，可以实现对仓库内所有活动的管理，包括入库、出库、库存管理、物料管理、订单管理、运输管理、装载和卸载等。

2. ERP（Enterprise Resource Planning）软件

它是一种企业资源计划软件，可以实现对整个企业的资源管理，包括人力资源、财务、采购、生产等，也可以涉及仓库管理的部分内容。

3. TMS（Transportation Management System）软件

它是一种运输管理系统软件，可以实现对整个物流运输过程的规划、调度和管理，包括路线优化、订单跟踪、配载和运输过程管控等，也可以涉及仓库管理的部分内容。

4. OMS（Order Management System）软件

它是一种订单管理系统软件，可以实现对所有订单、库存、采购、销售和客户信息的集中管理，也可以涉及仓库管理的部分内容。

第二章

入库管理

物料入库管理是生产管理的重要组成部分，也是仓库管理的一个重要环节。为了保证入库物料的质量，仓库主管必须把好物料入库关，并带领仓库员工做好物料入库前的各项准备工作，完善接收流程，避免出现差错。

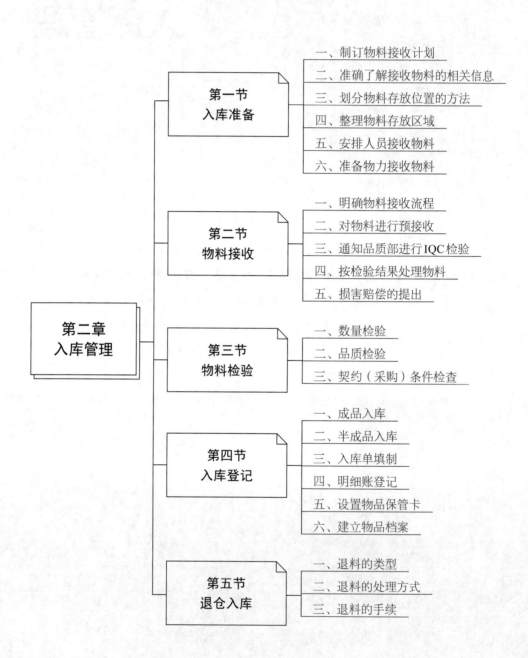

第二章
入库管理

第一节
入库准备

一、制订物料接收计划
二、准确了解接收物料的相关信息
三、划分物料存放位置的方法
四、整理物料存放区域
五、安排人员接收物料
六、准备物力接收物料

第二节
物料接收

一、明确物料接收流程
二、对物料进行预接收
三、通知品质部进行IQC检验
四、按检验结果处理物料
五、损害赔偿的提出

第三节
物料检验

一、数量检验
二、品质检验
三、契约（采购）条件检查

第四节
入库登记

一、成品入库
二、半成品入库
三、入库单填制
四、明细账登记
五、设置物品保管卡
六、建立物品档案

第五节
退仓入库

一、退料的类型
二、退料的处理方式
三、退料的手续

第一节　入库准备

要想迅速、准确地接收每批入库存放物料，必须事先做好充分的准备工作，防止由于突然到货而产生慌乱和延迟接收，能有效地进行入库作业。

一、制订物料接收计划

为了有计划地安排仓位、筹集各种器材、配备作业人员，仓库主管必须制订物料接收计划，保证仓储部有准备、有秩序地开展工作。

物料接收计划可根据采购部门提供的物料采购计划进行编制。采购部门的采购计划、进货安排会经常发生变化。为了应对这种情况，仓库主管在制订物料接收计划时可采取长计划、短安排的办法，如按月编制作业计划。有些企业将物料接收计划称为"物料月接收计划"，有些企业称之为"物料进厂进度控制表"，还有些企业称之为"物料接收交期一览表"。

🔍【实战工具02】▶▶▶ -

物料月接收计划

编号：_____　　　　　　　　　　　　填表日期：____年____月____日

序号	接收日期	品名	规格/型号	供应商	交货数量	存放位置	备注

制作人：_____　　审核人：_____　　采购部：_____　　仓管部：_____

- -

🔍【实战工具03】▶▶▶---

物料进厂进度控制表

编号：_____   填表日期：____年____月____日

物料编号	规格/型号	订购日	订单号	厂商	订购数量	计划交货日	实际交货日	交货数量	进料验收单编号	备注

制表人：_____   审核人：_____

🔍【实战工具04】▶▶▶---

物料接收交期一览表

编号：_____   填表日期：____年____月____日

物料编号	规格/型号	订购日	订单号	订购数量	计划分批接收数量	计划交期	厂商	备注

仓库主管：_____   生产经理：_____   制表人：_____

说明：本表一式三联，第一联交采购部留存，第二联交生产管理部留存，第三联交收料处留存。

二、准确了解接收物料的相关信息

仓管人员接到"收货通知单"并确认其有效且无误后，在物料送达之前应主动与采购部门或供应商联系，了解物料的相关信息，如物料的特性、保管事项等，对新物料或不熟悉的物料要特别注意。

三、划分物料存放位置的方法

常见的划分物料存放位置的方法有以下五种，仓管人员应根据物料的实际情况选择合适的方法。

① 按物料的种类和性质分类储存。这是大多数仓库所采用的分区分类储存方法，即按照物料的种类及特性分类存放，以便保管物料。

② 按物料的危险性质分类储存。该方法适用于储存危险品的特种仓库，按照物料的危险性质，将易燃、易爆、易氧化、有腐蚀性、有毒害性、有放射性的物料分开存放，避免不同物料相互接触后引发事故。

③ 按物料的归属单位分类储存。该方法适用于专门从事保管业务的仓库，根据物料所属的单位进行分区保存，可以提高物料出入库的作业效率。

④ 按物料的运输方式分类储存。即依据物料的发运地及运输方式进行分类保存。该方法适用于储存期短且进出量较大的中转仓库或待运仓库。

⑤ 按物料的储存作业特点分类储存。即根据物料储存作业的具体操作方法将物料分类储存。例如，将出入库频繁、须严格按照"先进先出"原则储存的物料存放在车辆进出方便、装卸搬运容易、靠近仓门的区域；将储存期较长、无须严格按照"先进先出"原则储存的物料存放在仓库内远离仓门的区域。

四、整理物料存放区域

选择好物料的具体存放位置后，仓库主管就要督促仓储部员工整理相应区域，以便存放与保管物料，具体准备工作如图2-1所示。

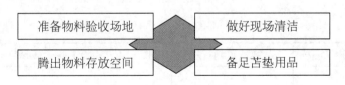

图2-1　整理物料存放区域

五、安排人员接收物料

仓库主管按照物料送达的时间、地点、数量等预先做好到货接运、检验、堆码等人员的组织和安排工作。仓库主管应如实填写"接收物料人员安排表"，以便随时控制接收过程。

🔍 【实战工具05】▶▶ -

接收物料人员安排表

编号：_____ 　　　　　　　　　　　　　填表日期：____年____月____日

物料订单号	货品名称	货品数量	到货时间	人员安排	接收负责人	接收日期

仓储部：_____ 　　　　　　　　　　　　　　　品质部：_____

- -

六、准备物力接收物料

　　仓库主管根据要接收物料的相关信息，确定搬运、检验、计量等的方法，同时也要配置所需车辆、检验设备和装卸、搬运、堆码、苫垫的工具，以及必要的防护用品用具等，并如实填写"接收物料物力安排表"。

🔍 【实战工具06】▶▶ -

接收物料物力安排表

编号：_____ 　　　　　　　　　　　　　填表日期：____年____月____日

物料订单号	货品名称	货品数量	到货时间	接收车辆	检验设备	接收负责人	接收日期

仓储部：_____ 　　　　　　　　　　　　　　　品质部：_____

- -

第二节　物料接收

物料接收管理贯穿从接到收货通知单开始，到把物料存放到规定的位置为止的整个过程。

一、明确物料接收流程

大多数企业的物料接收流程如图2-2所示。

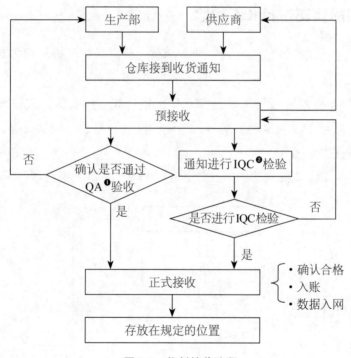

图2-2　物料接收流程

二、对物料进行预接收

仓管人员应按以下三个步骤预接收物料。

---

❶ QA，即Quality Assurance的缩写，意为质量保证，通过建立和维持质量管理体系来确保产品质量没有问题。

❷ IQC，即Incoming Quality Control的缩写，意为来料质量控制。

① 确认实物，清点数量，检查物料外包装状态和供应商的检验合格标记，如有问题应当面指出。

② 确认上述内容无误后，由接收员在"送货单"上签字。

③ 将经接收员签字的"送货单"复印一份交给送货人，将原件登记后，把物料送品质部进行IQC检验。

 小提示

"送货单"是接收物料的凭证。仓管人员一旦在"送货单"上签字，就代表该物料已被接收，可以为其办理其他入账手续了。

三、通知品质部进行IQC检验

通知品质部进行IQC检验的方式主要有两种，分别是开具来料报告单和直接转交送货单。

① 开具来料品质检验报告单，通知品质部进行IQC检验该方式详细地描述了过程要求，如检查期限、注意事项、编号、追溯、检查结果、处理结果等，便于管控物料，但采用此方式需要多开一次单。

以开具来料品质检验报告单的形式通知IQC检验的过程如图2-3所示。

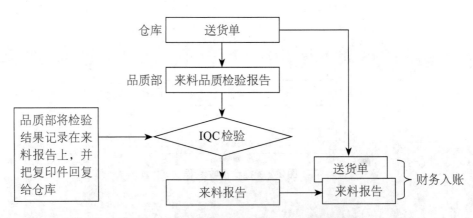

图2-3 开具来料报告单通知IQC检验的过程

② 直接转交送货单，通知品质部进行IQC检验。即经过登记后在送货单上加盖本公司的编号印记直接使用。这种方法很简单，但不容易追溯，比如，遇到送货单丢失的情况就没法查考了。

以转交送货单的形式通知IQC检验的过程如图2-4所示。

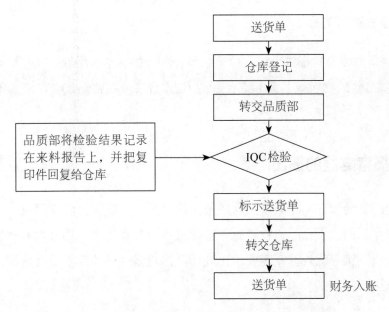

图2-4　以转交送货单的形式通知IQC检验的过程

四、按检验结果处理物料

1.处理流程

按检验结果处理物料的流程如图2-5所示。

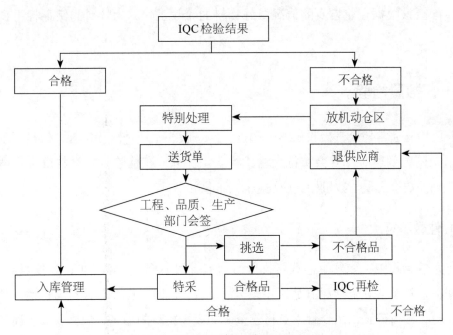

图2-5　按检验结果处理物料的流程图

2.检验后物料的标示

① 在送货单或来料报告上标注检验结果，如合格、不合格等。

② 在被检验的物料或其外包装上标注检验结果，如粘贴IQC合格、不合格的标签等。

五、损害赔偿的提出

当检验的结果和订购的数量、品质及条件一致时，就完全没有问题。但是如果出现货物和样品不同或不良品，物料有一部分没达到质量要求，物料数量不足、交期延迟，或是出货不符等意外，就需要作出处理。这时候就必须要求损害赔偿，以防止这类情形再发生。

第三节　物料检验

无论是物流企业、制造企业，还是流通型企业，仓库在收到物料后，在物料入库前，都应该根据企业自身的情况做好物料的验收工作，为物料的储存打下良好的基础。

一、数量检验

数量检验通常与检查接收工作一起进行。一般的做法是直接检验，但是当现货和送货单未同时到达时，就会实行大略式检验。另外，在检验时要对数量进行两次确认，以确保数量无误。数量检验应注意以下问题：

1.件数不符

在大数点收中，如发生件数与收货通知单所列不符，数量短少，经复点确认后，应立即在送货单各联上批注清楚，并按实数签收。同时，由仓管人员与承运人共同签章。经验收核对确认，由仓管人员将已查明的短少物料的品名、规格、数量通知承运单位和供应商，并开出短料报告，要求供应商补料。

🔍 【实战工具07】▸▸ --

短料报告

至：   出厂编码：
从：   交货期：

料号			
供应商		订单号	
来料日期		短料数量	
收料仓员		要求补回数量	
短料原因			
仓库主管核实		QC证明	
生产主管意见		请供货商在_____前补回短料数。	

2.包装异状

接收物料时，如发现包装有异状，仓管人员应会同送货人员开箱、拆包检查，查明确有残损或短少的情况，由送货人员出具物料异状记录或在送货单上注明。同时，应另行堆放，勿与以前接收的同种物料混堆在一起，以待处理。

如果物料包装损坏十分严重，仓库不能修复，而无法保证储存安全时，应联系供应商派人员协助整理，然后再接收。未正式办理入库手续的物料，仓库要另行堆存。

3.物料串库

在点收本地入库物料时，如发现货与送货单不符，有部分物料错送的情况（俗称串库），仓管人员应将这部分与送货单不符的物料另行堆放，待应收的物料点收完毕后，交由送货人员带回，并在签收时如数减除。如在验收、堆码时才发现串库物料，仓管人员应及时通知送货员办理退货更正手续，与送货单不符的物料交送货或运输人员提走。

4.物料异状损失

这是指接货时发现物料异状和损失的问题。设有铁路专用线的仓库，在接收物料时如发现物品短少、有水渍、被污染、损坏等情况，由物控人员直接向交通运输部门交涉。如遇车皮或船舱铅封损坏，经双方会同清查点验，确有异状、损失情况，应向交通运输部门按章索赔。如该批物料在托运之时，供应商另有附言，损失责任不属交通运输部门，也应请其做普通记录，以明责任，并作为必要时向供应商要求赔偿损失的凭证。

在大数点收的同时，对每件物料的包装和标志要认真查看。检查包装是否完整、牢固，有无破损、受潮、水渍、油污等异状。物料包装的异状往往是物料受到损害的一种外在现象。如果发现异状包装，必须单独存放，并打开包装详细检查内部物料有无短缺、破损和变质。逐一查看包装标志，目的在于防止不同物料混入，避免差错，并根据标志指示操作确保入库储存安全。

二、品质检验

品质检验是确认接收的物料与订购的物料是否一致的流程。对于物料的检验，还可以用科学的红外线鉴定法等，或者依照验收经验及对物料的认知采取各种检验方法。

1.检验物料包装

物料包装的完整程度及干湿状况与内装物料的质量有着直接的关系。通过对包装的检验，能够发现储存、运输物料过程中可能发生的意外，并据此推断出物料的受损情况。因此，在验收物料时，仓管员需要首先对包装进行严格的验收。发现包装出现图2-6所示的情况时要认真对待。

1 当发现包装上有人为挖洞、开缝的现象时，说明物料在运输的过程中有被盗窃的可能，此时要对物料的数量进行仔细核对

2 当发现包装上有水渍、潮湿时，表明物料在运输过程中有被雨淋、水浸或物料本身出现潮解、渗漏的现象，此时要对物料进行开箱检验

3 当发现包装有被污染的痕迹时，说明可能由于包装不当，引起了物料的泄漏，并导致物料之间相互污染，此时要将物料送交质量检验部门检验，以确定物料的质量是否产生了变化

4 当发现包装破损时，说明包装结构不良、材质不当或装卸过程中有乱摔、乱扔、碰撞等情况，此时包装内的物料可能会出现磕碰、挤压等情况，影响物料的质量

图2-6　包装可能出现的情况及处理方式

小提示

　　对物料包装的检验是对物料质量进行检验的一个重要环节。通过观察物料包装的好坏可以有效地判断出物料在运送过程中可能出现的损伤，并据此制定对物料的进一步检验措施。

2.检验外观质量

　　对物料包装的检验只能判断物料的大致情况，对物料的外观质量进行检验也必不可少。物料外观质量检验的内容包括外观质量缺陷，外观质量受损情况及受潮、霉变和锈蚀情况等。

　　对物料外观质量的检验主要采用感观验收法，即用感觉，如视觉、听觉、触觉、嗅觉来检查物料质量。它简便易行，不需要专门设备，但是却有一定的主观性，容易受检验人员的经验、操作方法和环境等因素的影响。具体如图2-7所示。

 看是对物料外观质量进行检验的最主要方法，它通过观察物料的外观，判断其质量是否符合要求

 听是指通过轻敲某些物料，细听发声，鉴别其质量有无缺陷。如原箱未开的热水瓶，可以通过转动箱体，听其内部有无玻璃碎片撞击之声，从而辨别有无破损

 摸是指用手触摸包装内物料，以判断物料是否有受潮、变质等异常情况

 嗅是指用鼻嗅物料是否已失应有的气味，或有无串味及漏臭异味的现象

图2-7　物料外观质量的检验方法

　　对于不需要进一步进行质量检验的物料，仓管人员在完成上述检验并判断物料合格后，就可以为物料办理入库手续了。对于那些需要进一步进行内在质量检验的物料，仓管人员应该通知质量检验部门，对产品进行质量检验，待检验合格后才能够办理物料的入库手续。

　　另外，对物料的检查方式有全检和抽检两种，一般而言，对于高级品或品牌物料都应做全面性检查，而对购入数量大或单价低的物料，则宜采取抽样性检查。

三、契约（采购）条件检查

　　检验关于采购的契约条件（例如商品品质、数量、交货、价格、货款结算等条件）是否相符等。

第四节　入库登记

物料验收合格后，仓管员应该为物料办理入库手续，根据物料的实际检验及入库情况填写入库单，然后再对物料进行登账、设卡以及建档管理。

一、成品入库

1.成品入库必备条件

产品经包装、质量检验符合企业内控标准后，由质量管理部门批准发放销售。

2.成品入库验收内容

① 车间成品入库应由车间填写"成品入库单"，交仓管员审核。验收"成品入库单""检验报告单""成品审核放行单"，逐项核对"三单"中的产品名称、规格、数量、包装规格和批号是否相符，以及与入库产品是否相符，字迹是否清楚无误，是否签印齐全。

② 检查产品外包装。仓管员检查产品外包装时应注意图2-8所示的四点内容。

内容一	外包装上应醒目地标明产品名称、规格、数量、包装规格、批号、储藏条件、生产日期、有效期、批准文号、生产企业以及运输注意事项等，每件外包装上应贴有"产品合格证"
内容二	逐件检查产品包装箱及"产品合格证"上的产品名称、规格、批号、包装规格、生产日期、有效期是否与入库单相符无误，不得有错写、漏写或字迹不清等情况，不得混入其他品种、其他规格或其他批号的产品
内容三	逐件检查外包装是否清洁、封扎严实、完好和无破损
内容四	合格产品需检查是否分别贴有两个批号的"产品合格证"，其内容是否符合要求

图2-8　检查产品外包装

③ 清点数量，检查是否与"成品入库单"相符。

【实战工具08】▶▶ -

成品入库单

送货部门： 入库时间： 年 月 日 入库单号：

产品编号	品名	规格	包装规格	生产日期	批号	有效期至	检验单号	单位	数量
入库验收情况	入库验收情况 数量点收（ ） 外观检查（ ） 合格证（ ）								
	检验报告书（ ） 成品审核放行单（ ）								
备注：									

此单为四联 ①（白）仓库 ②（红）财务 ③（黄）生产车间 ④（绿）统计

审批人： 制单人： 经办人： 收货人：

- -

【实战工具09】▶▶ -

外厂加工成品入库单

入库时间： 年 月 日 编号：

成品名称		数量		单价	
承制厂商		总价			
点收记录	□短交 □超交 □正确		点收人		
检验记录			检验人		
入库记录	成品仓库			生产部			
	主管		经手人		主管		入库人	

- -

3.成品入库后的摆放及入账

　　成品入库后应放置于仓库合格区内。产品入库后，仓管员应及时审核，在成品账上记录产品的名称、型号、规格、批号、生产日期、数量、保质期和入库日期以及注意事项，并按规定做出标示。

小提示

未经检验和试验或经检验和试验认为不合格的产品不得入库。

二、半成品入库

仓库要加强对半成品仓的管理，必须建立基本的库管制度，比如物品出入库流程、库房管理制度、库存物品盘点制度等，管理重点在流程上。围绕流程设计相关的表单，如出库单、入库单、领料单、盘点表等，这些表单要和财务统计结合起来，财务才可能做好账。

1.半成品入库的检验

半成品入库的检验要注意图2-9所示的两点内容。

半成品仓管员应着手安排货仓物料人员按2%～5%的比例抽点单位包装数量，并在抽查箱面上注明抽查标记

检验内容

数量无误后，仓管员在"半成品入库单"上签名，取回相应联单，将货收入指定仓位，挂上"物料卡"

图2-9 半成品入库的检验

【实战工具10】▶▶------------------------------------

半成品入库单

生产部门： 编号：
生产单号： 日期：

编号	品名	规格	单位	生产批量	入库数量	质管判定	实收数量	备注

仓管员： 质管员： 生产物料员：

2.账目记录

仓管员及时做好半成品的入账手续。

3.表单的保存与分发

仓管员将当天的单据分类归档或集中分送到相关部门。

三、入库单填制

1.入库单的种类

入库单是记录入库物品信息的单据，应记录物品的名称、编号、实际验收数量、进货价格等内容。

（1）外购物品入库单

外购物品入库单是指企业从其他单位采购原材料或产品入库时所填写的单据，除了记录物品的名称、编号、实际验收数量、进货价格等内容外，还要记录与采购有关的合同编号、采购价格、结算方式等内容。

🔍【实战工具11】▶▶▶--

外购物品入库单

采购合同号：　　　　　　　件数：　　　　　入库时间：

物品名称	品种	型号	编号	数量			进货单价	金额	结算方式	
				进货量	实点量	量差			合同	现款

采购部经理：　　　　采购员：　　　　仓管员：　　　　核价员：

说明：该表一式三联，第一联留作仓库登记实物账；第二联交给采购部门，作为采购员办理付款的依据；第三联交给财务记账。

（2）成品（半成品）入库单

成品（半成品）入库单是用以表示制造企业自己生产的产品储存在仓库的凭证，除了包括产品的基本信息外，还应该包括产品的生产日期、质量检验等内容。

【实战工具12】▶▶▶ -

成品（半成品）入库单

编号：　　　　　　　物品状态：□ 成品　□ 半成品　　　　　入库日期：

物品名称	型号	规格说明	编号	数量	生产日期	批号	检验单号	备注

经办人：　　　　　　　　复核人：　　　　　　　　仓管员：

说明：成品（半成品）入库单一般一式三联，一联留作仓库存根记账，一联交生产部，一联交财务部核算及记账。

- -

2.填制入库单

物品验收合格后，仓管员要据实填写物品入库单。在填写时，仓管人员应该做到内容完整、字迹清晰，并于每日工作结束后，整理入库单的存根联，并且统一保存。

四、明细账登记

为了便于管理入库物品，正确反映物品的入库、出库及结存情况，并为对账、盘点等作业提供依据，仓库还要建立实物明细账，以记录库存物品的动态。

五、设置物品保管卡

物品保管卡又叫货卡、料卡，它是一种实物标签，是仓管员管理物品的依据。

物品保管卡的内容主要有以下几个方面。

① 表示货物的状态，如待检、待处理、不合格、合格等。

② 标明货物的名称、规格、供应商和批次。

③ 标明物品的入库、出库与库存动态等信息。

保管卡上的内容不是一成不变的，仓管员可以根据具体情况，对物品保管卡的具体内容做适当的调整。

如对于设置了专门的待检区、待处理区、合格产品区、不合格产品区的仓库，在设置保管卡时，可以省略货物的状态；而为了便于对物品存量进行控制及管理，则可以在物品保管卡上增加物品的估计用量、安全库存等信息。

【实战工具13】▶▶ -----------------------------------

物品保管卡（一）

物品名称		物品编号	
物品规格		物品批次	
供应商		标准单位	
物品状态：□成品 □半成品 □待检 □待处理 □不合格 □合格			
库存量		仓管员	

【实战工具14】▶▶ -----------------------------------

物品保管卡（二）

货位编号： 标示日期：

材料名称		用途			
材料编号		主要供应商			
估计年用量		订货期		经济定量	
安全用量		代替品			
月份	实际用量	需求计划			平均单价
1					
2					
…					
12					
合计					
收发记录					

日期	单据编号	发出量	存量	收料量	退回量	订货记录	备注

六、建立物品档案

建立物品档案是指将与入库作业过程有关的资料、证件进行分类保存，从而详细地了解物品入库前后的活动全貌。

1.收集档案资料

物品档案反映了物品从入库、储存到出库的所有变化。为了建立完善的物品档案，仓管员需要收集的资料具体包括以下几种。

（1）物品入库时的资料

① 物品出厂时的各种凭证和技术资料，如物品技术证明、合格证、装箱单、发货明细表等。

② 物品运输过程中的各种单据，如运输单、货运记录等。

③ 物品验收入库时的入库通知单、验收记录、磅码单、技术检验报告等。

（2）物品保管时的资料

包括物品入库保管期间的检查、保养、损益、变动等情况的记录，以及库内外温湿度的记载及其对物品的影响情况。

（3）物品出库时的资料

物品出库时的凭证，如领料单、出库单、调拨单等。

2.建立并保管档案

在物品入库后，仓管员应该收集入库时的资料，建立物品档案，并对其进行管理。

3.管理物品档案的注意事项

① 对档案统一编号。为了防止档案的丢失并方便查阅，保管时应将物品档案进行统一编号。

② 确定资料的保管期。为了加强对档案资料的保管，仓管员要根据实际情况确定资料的保管期限。其中有些资料，如库区气候资料、物品储存保管的试验资料等，应长期保留。

③ 及时更新资料。

第五节 退仓入库

退仓入库是企业仓储管理中非常重要的一环，合理规范的退仓入库作业规定对企业生产和物流管理至关重要。规范退仓入库的作业流程，可以保证生产线正常运转和物流高效运作。

一、退料的类型

退仓物料的类型如图2-10所示。

类型一	当天下班时仍没有用完的易燃易爆危险品，比如油漆、香蕉水等
类型二	订单生产任务完成后的剩余材料
类型三	需要缴库管理的特殊材料、贵重材料等
类型四	可以再用的边角余料
类型五	加工错误但可以通过改制用到其他产品生产中的报废零部件

图2-10 退料的类型

 小提示

退料应按照有关程序进行，并填写退料单，仓管员要核对退料单的内容与实物是否相符，相符方可退料入库。

二、退料的处理方式

退料的处理方式主要有图2-11所示的三种。

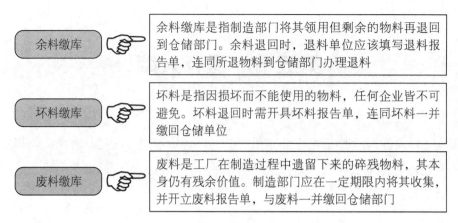

图2-11　退料的处理方式

三、退料的手续

仓库在办理物料退换时，首先要弄清相应的手续，比如退料单的开立，以便工作有凭有据。

1.签收退料单

仓管员接到退料单后应审查其是否有责任人的签名。

🔍【实战工具15】▶▶ -

退料单

日期：

物品编号	物品名称	生产通知单号	数量	好料	坏料		退料原因
					生产坏料	来料坏料	

退料人：　　　　　　IQC：　　　　　　仓库：　　　　　　审核人：

【实战工具16】▶▶ --

坏（废）料退库单

工作命令号		退料单位		退料日期	年 月 日
组件编号		入库单位		会计科目	
元件编号	规格名称	退库数量	单位	发现损坏制度	发现损坏原因
					□ 材料不良 □ 外出加工不良 □ 本厂加工不良
退库原因 及处理	□ 材料不良，退回供应商 □ 材料不良，不退回供应商 □ 外出加工不良，退回外出加工厂商 □ 外出加工不良，不退回外出加工厂商 □ 本厂损坏，可重修 □ 本厂损坏，报废			重修部分 说明	
管理部	仓库	收料组	质管部	组长	班长

注：本单一式三联。第一联：退库单位→质管部→仓库→管理部；第二联：退库单位→质管部→仓库→（如何重修）→生产部；第三联：退库单位存查。

物料退换手续也可视为"物品接收"手续，即发料的冲减。仓管员在记账时，应在发出栏内用红字填写，从而增加库存数量和金额。同样，在仓库统计表中，也应作为"减少发出量"计算。但任何情况下，都不得重新验收入账。

2.办理退料的注意事项

仓库在办理物料退换时一定要注意图2-12所示事项。

保持物料的完整性	认真检查
对于退回的物料，仓管员应尽量保持其完整无损，比如，主机及附件、工具、技术资料、包装等齐全完备	仓库在接收退料时应认真检查，经过维护保管后再存入仓库

图2-12 物料退换注意事项

第三章

装卸搬运

物料、成品装卸搬运是生产过程中的辅助环节，存在于仓库内、仓库和生产部门之间以及出货等各个环节。通过有效的物料装卸搬运管理，可以极大地压缩其占用的时间和投入的费用。仓库主管一定要对物料装卸搬运进行设计，使其趋于科学化、合理化。

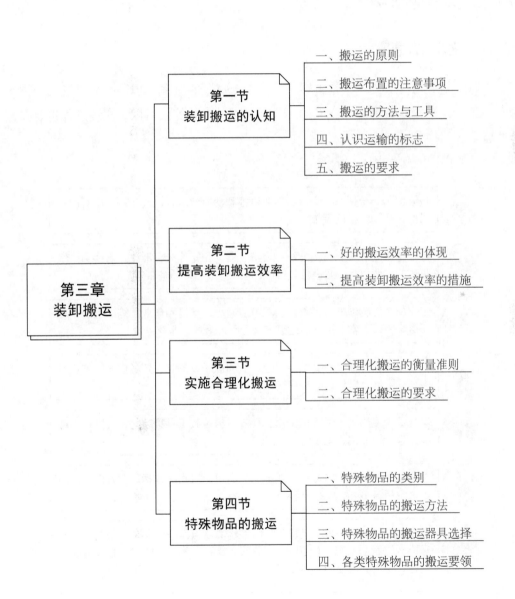

第一节　装卸搬运的认知

物料搬运通常是指物料在车间或仓库内部的移动，以及在仓库与生产设施之间和仓库与运输车辆之间的转移。

一、搬运的原则

搬运就是把物料从某一个位置转移到另一个位置的过程。但是，如果仅仅是物料位移的话，这个搬运就是没有意义的，甚至有时是失效的。所以，搬运过程也要强调一些原则。

常见的搬运原则如图3-1所示。

1	规划原则。全面考虑需求、作业目标和功能要求，以此来规划所有的物料搬运和物料存储工作
2	标准化原则。物料搬运方法、设备、器具和软件应标准化，以达到系统总体的作业目标，且满足灵活性、模块化和吞吐量的要求
3	工作原则。物料搬运工作应当尽可能减少，且达到作业所需的生产率和服务水平，工作量可以用运量乘以运距来衡量，即 $W=FD$
4	人机工效原则。在设计物料搬运作业和选择设备时，要考虑人的作业能力和局限性，以保证安全和有效的作业
5	集装单元化原则。尽可能采用标准容器与装载工具集装物料，以便于搬运过程的标准化、集装化
6	充分利用空间原则。最大可能地充分利用建筑物的包括高度方向在内的整个空间。不要忘了往上看
7	系统化原则。尽可能广泛地把各种搬运活动当作一个整体，使之组成相互协调的搬运系统。其范围包括收货、储存、生产、检验、包装、成品储存、发货、运输和反向物流等
8	自动化原则。应当采用合理的机械化和自动化作业以提高作业效率、反应速度和保持一致性，降低成本并消除有重复性和潜在不安全性的人工作业

环境原则。在设计物料搬运系统和选择设备时，应当将对环境的影响和能量的消耗作为一个重要依据

 全生命周期成本原则。对所有的物料搬运设备和最终的物料搬运系统，应当进行贯穿它们整个生命周期的全面深入的经济分析

图3-1 搬运原则

二、搬运布置的注意事项

① 尽量使用工具搬运。

② 减少搬运次数。

③ 尽可能缩短搬运距离。

④ 保持搬运通道的畅通。

⑤ 注意人身及物料安全。

⑥ 物料、半成品、成品应有明确的产品及运输标志，不可因搬运而混乱。

三、搬运的方法与工具

搬运方法是为实现搬运目标而采取的搬运作业手法，搬运工具因物料的属性不同而各有不同，也有不同的选择余地。二者的选择将直接影响到搬运作业的质量、效果、安全和效率。

1.认识"搬运作业指导书"

"搬运作业指导书"是一种规范性文件，它为广大仓库作业人员实施搬运作业提供了指导和依据。它的作用和要求如下。

（1）明确目的

指示搬运方法、明确搬运步骤、规范搬运作业，确保物料能够得到妥善的搬运。

（2）明确范围

"搬运作业指导书"适用于所有在公司内发生的搬运和装卸作业，也包括公司外部人员在公司内部进行的搬运和装卸作业。

（3）"搬运作业指导书"内容。

① 搬运人员的职责。

② 搬运设备、工具的使用方法。

③ 搬运方式的选择要求。

④ 搬运过程中的注意事项。

⑤ 搬运事故的处理方法。

⑥ 装载物料的方法。

⑦ 卸下物料的方法。

⑧ 堆放物料的方法。

⑨ 搬运特种物料的方法。

⑩ 适当的图示指引。

2.了解搬运方法

搬运方法是为实现搬运目标而采取的搬运作业手法，它将直接影响到搬运作业的质量、效果、安全和效率。通常而言，搬运方法有表3-1所示的几种。

表3-1　搬运方法的分类

序号	分类依据	说明
1	作业对象	（1）单件作业法，即针对庞大、笨重的物料逐个、逐件地进行搬运和装卸 （2）集装单元作业法，即像集装箱一样实施搬运 （3）散装作业法，就是对无包装的散料如水泥、沙石、钢筋等直接进行装卸和搬运
2	作业手段	（1）人工作业法，即主要靠人力进行作业，但也包括使用简单的器具和工具如扁担、绳索等进行作业 （2）机械作业法，即借助机械设备来完成物料的搬运。这里的机械设备不仅仅指简单的器具，还应包括性能比较优越的器具，如装卸机等 （3）自动作业法，一般指在电脑的控制下完成一系列的物料搬运，如用自动上料机、机电一体化传输系统等进行物料搬运
3	作业原理	（1）滑动法，就是利用物料的重力使其下滑移动，主要工具有滑桥、滑槽、滑管等 （2）牵引力法，即利用外部牵引力的驱动作用使物料产生移动，如用拖拉车、吊车搬运物料等 （3）气压输送法，即利用正负空气压强产生的作用力吸送或压送粉状物料，如利用负压传输管道等运输物料
4	作业连续性	（1）间歇作业法，即搬运作业按一定的节奏停顿、循环，如用起重机、叉车等搬运物料 （2）连续作业法，即搬运作业连续不间断地进行，如用传送带、卷扬机等搬运物料
5	作业方向	（1）水平作业法，也就是以物料产生搬运距离为目的的搬运方法，如把物料由甲地运往乙地 （2）垂直作业法，也就是以物料产生搬运高度为目的的搬运方法，如把物料由地面升到一定的高度

3.选择搬运方法

"搬运作业指导书"中应对选择搬运方法有明确的说明,以便搬运人员能够迅速识别并作出选择。选择搬运方法是良好地完成搬运任务、实施有效搬运的先决条件。

一般情况下决定选择性的主要因素包括人、机、料、法、环等"4M1E"五个方面(图3-2)。

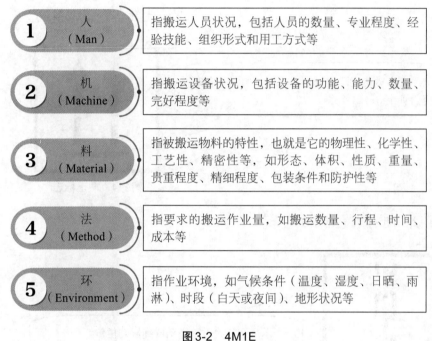

1 人 (Man)	指搬运人员状况,包括人员的数量、专业程度、经验技能、组织形式和用工方式等
2 机 (Machine)	指搬运设备状况,包括设备的功能、能力、数量、完好程度等
3 料 (Material)	指被搬运物料的特性,也就是它的物理性、化学性、工艺性、精密性等,如形态、体积、性质、重量、贵重程度、精细程度、包装条件和防护性等
4 法 (Method)	指要求的搬运作业量,如搬运数量、行程、时间、成本等
5 环 (Environment)	指作业环境,如气候条件(温度、湿度、日晒、雨淋)、时段(白天或夜间)、地形状况等

图3-2 4M1E

四、认识运输的标志

要想做好物品的搬运作业,首先必须认识运输标志,包括物品的包装储运标志和危险品标志,只有这样才能灵活准确地搬运,并确保自己的人身安全。

1.包装储运图示标志

包装储运图示标志,是根据产品的某些特性如怕湿、怕震、怕热、怕冻等而确定的。其目的是在货物运输、装卸和储存过程中,引起作业人员的注意,使他们按图示标志的要求进行操作。

① 易碎物品标志，见图3-3。

表示包装内货物易碎，不能承受冲击和震动，必须轻拿轻放，绝不能任意摔。

图3-3　易碎物品标志

② 向上标志，见图3-4。

表示包装内货物不得倾倒、倒置。搬运时必须竖直朝上。

图3-4　向上标志

③ 由此吊起标志，见图3-5。

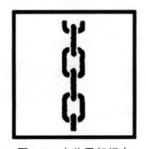

表示吊运货物时挂链条或绳索的位置。

图3-5　由此吊起标志

④ 重心标志，见图3-6。

指示货物重心所在，方便移动、拖运、起吊等。

图3-6　重心标志

⑤ 重心偏斜标志，见图3-7。

表示货物重心向右偏离货物的几何中心，货物容易倾倒或翻转。

图3-7 重心偏斜标志

⑥ 易于翻倒标志，见图3-8。

表示货物容易倾倒，在放置时必须注意安全。

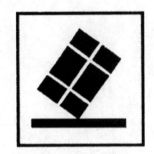

图3-8 易于翻倒标志

⑦ 怕雨标志，见图3-9。

表示货物在运输搬运过程中绝对不能被雨淋湿或向其直接洒水。

图3-9 怕雨标志

⑧ 怕晒标志，见图3-10。

表示包装内货物怕热，不能暴晒，不能置于高温热源附近。

图3-10 怕晒标志

⑨ 怕冷标志，见图3-11。

表示包装内货物怕冷，不能受冷、受冻。

图3-11　怕冷标志

⑩ 堆码极限标志，见图3-12。

表示货物的码放有重量和层级限制，要按要求在符号上添加数值。

堆码重量极限

堆码层数极限

图3-12　堆码极限标志

⑪ 温度极限标志，见图3-13。

温度极限

要求货物必须在一定的温度环境下存放，绝不能超过规定的温度。

图3-13　温度极限标志

⑫ 由此开启标志，见图3-14。

表示包装箱开启位置。一般用于较硬的、需用工具开启的外包装箱。

图3-14　由此开启标志

⑬ 由此撕开标志，见图3-15。

图3-15　由此撕开标志

表示包装的撕开部位。符号的箭头指向表示撕开的方向。一般用在软封装或纸箱等外包装上。

⑭ 禁止翻滚标志，见图3-16。

表示搬运货物时不得滚动，只能作直线水平移动。

图3-16　禁止翻滚标志

⑮ 禁用手钩标志，见图3-17。

表示不得使用手钩直接钩着货物或其包装进行搬运，否则就会损坏货物。

图3-17　禁用手钩标志

2.危险货物包装标志

危险货物包装标志，是用来标明危险品的。这类标志为了能引起人们的特别警惕，采用特殊的色彩或黑白菱形图示。

① 爆炸性物质标志，见图3-18。

图3-18　爆炸性物质标志
（符号：黑色；底色：橙红色）

表示包装内有爆炸性物质，受到高热、摩擦、冲击或其他物质接触后，会发生剧烈反应而引起爆炸。

② 易燃气体标志，见图3-19。

表示包装内为容易燃烧的气体，冲击、受热易产生气体膨胀，有引起爆炸和燃烧的危险。

图3-19　易燃气体标志
（符号：黑色或白色；底色：正红色）

③ 非易燃无毒气体标志，见图3-20。

表示包装内为有爆炸危险的不燃压缩气体，容易因冲击、受热而产生气体膨胀进而引起爆炸。

图3-20　非易燃无毒气体标志
（符号：黑色或白色；底色：绿色）

④ 毒性气体标志，见图3-21。

表示包装内为有毒气体，有引起爆炸、造成中毒危险的风险。要格外注意。

图3-21　毒性气体标志
（符号：黑色；底色：正红色）

⑤ 易燃液体标志，见图3-22。

表示包装内为易燃性液体，燃点较低，即使不与明火接触，也会因受热、冲击或接触氧化剂引起燃烧或爆炸。

图3-22　易燃液体标志
（符号：黑色或白色；底色：正红色）

⑥ 易燃固体标志，见图3-23。

表示包装内为易燃性固体，燃点较低，容易引起燃烧或爆炸。

图3-23　易燃固体标志
（符号：黑色；底色：红白条纹）

⑦ 易于自燃的物质标志，见图3-24。

表示包装内为易于自燃的物质，即使不与明火接触，在适当的温度下也能发生氧化作用，因积热达到自燃点而引起燃烧。

图3-24　易于自燃的物质标志
（符号：黑色；底色：上白下红）

⑧ 遇水放出易燃气体的物质标志，见图3-25。

表示包装内物品遇水受潮能分解，产生可燃性有毒气体，引起燃烧或爆炸。

图3-25 遇水放出易燃气体的物质标志
（符号：黑色或白色；底色：蓝色）

⑨ 氧化剂物质标志，见图3-26。

表示包装内为氧化剂物质，具有强烈的氧化性能，当遇酸、受潮、高热、摩擦、冲击或与易燃有机物和还原剂接触时即能分解，引起燃烧或爆炸。

图3-26 氧化剂物质标志
（符号：黑色；底色：柠檬黄色）

⑩ 有机过氧化物标志，见图3-27。

表示包装内为有机过氧化物，本身易燃、易爆、极易分解，对热量、震动、摩擦极为敏感。搬运中不能摔碰、拖拉、翻滚、摩擦和剧烈震动。

图3-27 有机过氧化物标志
（符号：黑色或白色；底色：上红色下柠檬黄色）

⑪ 有毒物质标志，见图3-28。

表示包装内为有毒物物质，具有较强毒性，能引起局部刺激、中毒，甚至造成死亡。

图3-28 有毒物质标志
（符号：黑色；底色：白色）

⑫ 剧毒品标志，见图3-29。

表示包装内为剧毒物品，具有强烈毒性，极少量接触皮肤或侵入人体、牲畜体内，即能引起中毒甚至造成死亡。搬运时必须穿戴防护用品，严防皮肤破损处接触毒物。

图3-29　剧毒品标志
（符号：黑色；底色：白色）

⑬ 有害品（远离食品）标志，见图3-30。

表示包装内为有害物品，不能与食品接近，否则容易引发中毒。这种物品和食品的垂直、水平间隔距离至少应为3米。

图3-30　有害品（远离食品）标志
（符号：黑色；底色：白色）

⑭ 感染性物质标志，见图3-31。

表示包装内为含有致病微生物的物品，误吞咽、吸入或皮肤接触会损害人体健康。

图3-31　感染性物质标志
（符号：黑色；底色：白色）

⑮ 一级放射性物质标志，见图3-32。

表示包装内为放射量较小的一级放射性物质，能放出 α、β、γ 等射线，对人体有一定危害。

图3-32　一级放射性物质标志
（符号：黑色；底色：白色，附一条红竖线）

⑯ 二级放射性物质标志，见图3-33。

表示包装内为放射量中等的二级放射性物质，能自发地、不断地放出 α 、β 、γ 等射线。

图3-33　二级放射性物质标志
（符号：黑色；底色：上白下黄，附两条红竖线）

⑰ 三级放射性物质标志，见图3-34。

图3-34　三级放射性物质标志
（符号：黑色；底色：上黄下白，
　　　附三条红竖线）

表示包装内为放射量很大的三级放射性物质，能自发地、不断地放出很强的 α 、β 、γ 等射线。搬运时一定要穿特定的防辐射服装，作业完毕后应全身清洗。

⑱ 腐蚀性物质标志，见图3-35。

表示包装内为带腐蚀性的物质，接触人体或物品后即产生腐蚀作用。搬运时要穿戴耐腐蚀的防护用品，还应备有防毒面具。

图3-35　腐蚀性物质标志
（符号：上黑下白；底色：上白下黑）

五、搬运的要求

在认识了解了搬运工具及各种运输包装标志后，如何进行正确搬运显得很关键。

1.人工搬运的限制使用

一些简单轻型的物料适合人工搬运，能降低搬运成本。

但是很多人心情不好的时候，就会影响搬运的效率和搬运质量。而且，过多的人工搬运浪费体力及时间，在非不得已的情况下，应尽量少用。

2.使用工具搬运

一般情况下，工厂的搬运大都使用机械工具，既可大幅提高工作效率，又能使厂房整齐、清洁，提升员工士气。

常见的搬运工具有脚轮、叉车、搬运车、手推车、塑料托盘、地脚等。

对于物料或产品体积大、搬运距离长、流动方法固定等不同情况，可选择不同的机械来搬运，如卡车、输送带、升降机、起重机、自动分拣装置等。

对于一些容易破碎物品的搬运，通常会使用塑料板或搬运车，以保护物品。

危险品的搬运则有独特的包装和要求。

3.搬运装具

对于成品的包装搬运，通常使用纸箱。本公司成品的纸箱应尽量标准化，虽有多种成品，但外箱应尽可能减少规格种类，减少管理及仓储的困难。成品使用外箱以后，尽可能配合栈板来移动。

而对于半成品的包装搬运，主要采用的是塑料箱。塑料箱可以使用不同的颜色来区别产品状况，如蓝色代表正常良品，黄色代表待整修品，红色代表待报废品，每一个塑料箱都要规定标准容量，而且要按规定位置存放，这样管理起来就相当方便。

第二节　提高装卸搬运效率

搬运的有效性是针对搬运结果而言的，也就是说搬运结果对于物料的使用或存放应该是有效的。

一、好的搬运效率的体现

做任何事情都要讲求效果，搬运也不例外，好的搬运效率主要体现在图3-36所示的几个方面。

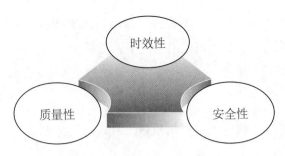

图3-36　好的搬运效率的体现

1.时效性

时效性也就是及时、精准、按量，即及时完成搬运任务、精准定位搬运对象以及知悉搬运量三项工作缺一不可。搬运前期，仓库主管需要让操作人员了解清楚，需要搬运什么物料，总量有多少，需要在什么时间完成。如果操作人员不清楚前述事项，就可能会出现因搬运对象错误而重复搬运，因对量不知悉而造成少装卸或多装卸，因时间不清楚而带来延误，影响下道工序等。

2.质量性

即确保搬运物料的质量不受损。影响物料质量的因素很多，如生产、包装或者物料本身的因素等，但是搬运过程对物料质量的影响很容易被忽视，其实物料在搬运过程中受到的影响是非常大的。仓库主管必须让员工养成较高的物料保护意识，对物料要具有爱护、珍惜的情感。

3.安全性

即人的安全、设备的安全与物料的安全。其实仓储行业中出事故最多的环节应该是搬运环节了，有不遵守安全操作导致工伤的人员安全事故，也有因为搬运过程遗失物料的安全事故。

二、提高装卸搬运效率的措施

仓库主管可以采取图3-37所示的措施来提高装卸搬运的效率。

1.合理选择物料装卸搬运的方式

在物料装卸搬运过程中，需根据不同物料的特点，选用合理的装卸搬运方式。是集中作业还是散装作业，要根据物料的特征来做出选择。比如，对同一种物料进行装卸搬运作业时，可采用集中作业方式。

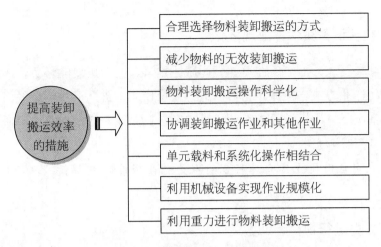

图3-37　提高装卸搬运效率的措施

2.减少物料的无效装卸搬运

装卸搬运无效作业的表现主要为物料装卸搬运次数过多。物料装卸搬运的次数过多会增加成本，使整个企业物料流通的速度变慢，并增加物料被损坏的可能性。因此，在进行物料的装卸搬运时，要尽可能地取消或合并某些不必要的作业环节。

3.物料装卸搬运操作科学化

装卸搬运科学化是指作业过程中要保证物料完好、不受损坏，杜绝野蛮式作业，同时保证作业人员的人身安全。在使用物料搬运装卸设备、设施时，要注意它们的负荷率，应在设备、设施的允许范围之内使用，严禁超额、超限使用。

4.协调装卸搬运作业和其他作业

物料装卸搬运作业与其他作业之间需要统筹兼顾、协调统一，才能充分发挥物料装卸搬运的纽带作用。

装卸搬运作业和其他作业的相互协调可以通过标准化操作来实现。装卸搬运作业的标准化是指对物料装卸搬运作业的程序、设备、设施及物料单元等制订一个统一的标准。有了统一的标准，在协调装卸搬运作业和其他作业时才会更方便。

5.单元载料和系统化操作相结合

在装卸搬运过程中，应尽量使用托盘和集装箱进行作业活动。托盘将物料彼此分隔开来，在分类时更方便、灵活；集装箱将单元化的物料集中起来组成大批量物料，采用机械设备装卸搬运，效率更高。

6.利用机械设备实现作业规模化

对于劳动强度大、工作条件差、装卸搬运频繁、动作重复的环节，应尽可能采用有效的机械化作业方式。机械设备可以进行大量作业，进而产生规模经济。因此，在条件允许的情况下，用机械设备作业代替人工作业，能有效地提高装卸搬运作业的效率，并降低装卸搬运成本。

比如，采用自动化立体仓库可以将人力作业强度降到最低，从而提高机械化、自动化水平。

7.利用重力进行物料装卸搬运

在装卸搬运过程中，要考虑重力的因素，并对其加以利用。利用重力就是利用高度差，在装卸搬运过程中使用滑槽、滑板等简单的工具，便可以利用物料自身的重量使其从高处自动地滑下，以减少劳动力消耗。

第三节 实施合理化搬运

合理化搬运是一种状态，也是一种趋势，是与有效搬运相适应的。而如何进行合理化搬运是许多企业和仓库主管都要思索的问题。

一、合理化搬运的衡量准则

合理化搬运的衡量准则如图3-38所示。

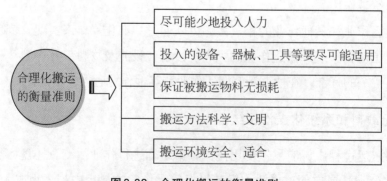

图3-38 合理化搬运的衡量准则

二、合理化搬运的要求

在仓储管理过程中，要想实现合理化搬运，需做到图3-39所示的几点。

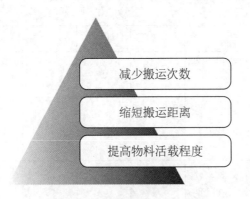

图 3-39　合理化搬运的要求

1.减少搬运次数

① 减少暂时放置的发生机会，尽可能实现搬运一次到位。暂时放置是增加搬运次数的首要原因。由于暂时放置容易忘记，不仅导致搬运的混乱，还会增加搬运次数。

② 掌握合适的单位搬运量是减少搬运次数的另一个重要因素。

2.缩短搬运距离

① 合理规划工厂布局，可以有效缩短搬运距离。

② 在工厂布局已经确定的情况下，合理规划流程、及时制订搬运计划，可以缩短搬运距离。

3.提高物料活载程度

物料的活载程度是指物料被移动的难易程度。比如，放在货架上的物料就比堆放在地上的物料容易搬运，则前者的活载程度就大些；放在托盘上的物料比放在传送带上的物料更难搬运，则前者的活载程度就小些。在实际生产中，为了便于搬运作业，应尽可能地提高存放物料的活载程度。

【实战工具17】▶▶▶ -

物料活载程度表

状态	说明	处置时所费的人工				耗费的人工数	活性指数
		收集	扶起	抬高	移动		
散放	散乱放置在地板、台架上	○	○	○	○	4	0
装箱	用集装箱、箱子、袋子装置或捆成捆儿放在一起	×	○	○	○	3	1
支垫	放置在平板架、木棒、枕木上，以便随时能举起来	×	×	○	○	2	2
装车	放置在推车上	×	×	×	○	1	3
移动	放置在移动的传送带上或斜槽上	×	×	×	×	0	4

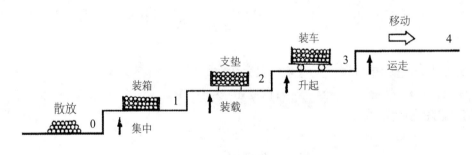

活性指数

- -

常用的提高活载程度的方法包括：

① 采用自动包装、送料。

② 采用传输带送料。

③ 将散料装箱。

④ 多采用专用的物料装载器具。

⑤ 设计合理的物品装载器皿并正确使用。

⑥ 在物流的全系统内及时贯彻程序或制度。

第四节　特殊物品的搬运

特殊物品是指那些具有特殊的物理性、化学性、工艺性以及其他方面特性的物品。因为特殊物品的搬运有效性对搬运过程具有重大影响，搬运方法不当可能导致人身伤亡或造成重大财产损失，所以，对这类物品的搬运要慎重处理。

一、特殊物品的类别

特殊物品在搬运时需要按特殊要求进行。这些物品包括以下几种。

① 危险品，如汽油、香蕉水、炸药、压缩气体、液化气体等。

② 剧毒品，如农药。

③ 腐蚀品，如硫酸。

④ 放射性物品，如射线器械。

⑤ 贵重物品，如金、银、玉器等。

二、特殊物品的搬运方法

对特殊物品的搬运要格外慎重，必要时专门处理。可以参照下面介绍的一些方法。

① 搬运人员方面：确保人员技术熟练、经过专门培训、体检合格。

② 搬运班组方面：由挑选的合格人员组成，并指定具体负责人，明确职责。

③ 装卸现场方面：设置防爆照明灯等防护管理措施。

④ 配备合格的专用工具，如油罐车、冷藏车。

⑤ 装卸开始前要全面确认以消除安全隐患。

⑥ 作业开始前要根据有关的专业要求进行必要的防护，并做好消防措施、伤员抢救和其他紧急应对措施。

⑦ 作业中要严格执行作业标准和有关要求，如有必要，有些搬运操作应在技术专家的全程监督下完成。

⑧ 运输途中要监视，严防意外发生。如发现有隐患时要及时采取处理措施，防止事态扩大。

⑨ 入库摆放前和卸车后要认真清扫货位和车辆，并按有关规定酌情处理。

⑩ 以认真的态度文明搬运是一切搬运工作的基础，尤其对于特殊物品搬运更为重要。

三、特殊物品的搬运器具选择

对特殊物品的搬运器具要慎重选择，如果选择错了，将直接威胁到搬运的有效性和搬运质量。比如，以下就使用防爆专用叉车时的注意事项进行说明。

① 内装瓷器、陶器、玻璃器皿的包装箱不能使用防爆叉车码垛。

② 使用防爆叉车码垛时钢瓶应平卧放置，安全帽朝向一方，底层垫牢。

③ 大钢瓶码垛不超过一层，小钢瓶码垛不超过四层。

④ 使用防爆叉车将卧放大铁桶竖起时应有专人指挥。

⑤ 使用防爆叉车将卧放大铁桶码垛两层以上时应有专人认可。

⑥ 托盘上的物品应压缝牢固，必要时用胶带加固。

四、各类特殊物品的搬运要领

1.易爆品的搬运

易爆品的搬运应遵循以下要求。

① 装卸车时详细检查车辆，车厢各部分必须完整、干净和干燥，不能残留酸、碱、油脂类物品和其他异物。

② 作业前检查危险品的包装是否完整、坚固，使用的工具是否适合、良好。

③ 要求参加作业的人员禁止携带烟火器具，禁止穿有铁钉的鞋。

④ 搬运交接物品时要手对手、肩靠肩，交接牢靠。

⑤ 装卸时散落的粉状、粒状爆炸物要及时用水湿润，再用木糠或棉絮等物品将其吸收，并将吸收物妥善处理。

2.氧化剂的搬运

氧化剂的搬运要求有以下几点。

① 装车时车内应清扫干净，不得残留酸类、煤炭、面粉、硫化物、磷化物等。

② 装卸前应将车门打开，并彻底通风。

③ 散落在车厢或地面上的粉状、颗粒状氧化物，应撒上沙土后，再清理干净。

3.压缩气体和液化气体的搬运

压缩气体和液化气体的搬运要求有以下几点。

① 使用专用的搬运器具，禁止肩扛或滚动。

② 搬运器具、车辆、手套、防护服上不得沾有油污或其他危险物品，以防引起爆炸。

③ 钢瓶应平卧堆放，垛高不得超过四个，禁止日光直射暴晒。

4.自燃、易燃品的搬运

自燃、易燃品的搬运要求有以下几点。

① 作业时开门通风，避免可燃气体聚集。

② 对于桶装液体、电石物品，若发现容器膨胀时，应使用铜质或木质的扳手轻轻打开排气孔放出膨胀气体后方可作业。

③ 雨雪天气，如防雨设备不良，禁止搬运遇水燃烧的物品。

④ 对装运易挥发的液体，开盖前要慢慢松开螺栓，停留几分钟后再开启。装卸完毕，应将阀门和螺栓拧紧。

5.腐蚀性物品的搬运

腐蚀性物品的搬运要求有以下几点。

① 散落在车内或地面的腐蚀品应以沙土覆盖或海绵吸收后，用清水冲洗干净。

② 装过酸、碱的容器不得胡乱堆放。

③ 作业前应准备充足的清水，以便人身、车辆、工具等受到腐蚀时及时得到冲洗。

④ 装卸石灰时应在石灰上放置垫板，不准在雨中作业，严禁将干、湿石灰混装在一起。

6.剧毒品的搬运

剧毒品的搬运要求有以下几点。

① 装卸前打开车门、窗户通风。

② 作业时应穿戴好防护用具，作业后及时沐浴。

③ 对使用过的防护用具、工具等，最好集中洗涤并消毒。

④ 患有慢性疾病的人员不能参加此项作业。

⑤ 人员的工作时间不宜过长，最好间隔休息，作业中如发现有头晕、恶心等症状要立即停止作业，并及时处理。

7.放射性物品的搬运

放射性物品的搬运要求有以下几点。

① 由有经验、技能的人员在作业前进行检查和鉴定，以确认是否可以搬运，并指定装卸方法和搬运时间。

② 作业前做好防护，集中精力。

③ 作业后应立即将防护用品交回专门的保管场所，人员沐浴并换衣。

④ 人员沐浴、防护用品的洗涤等都必须在专门地点进行。

8.贵重易损物品的搬运

贵重易损物品的类别包括：精细的玉器、瓷器、艺术品，精密机械、仪表，易碎的玻璃器具等。搬运贵重易损物品时应注意如下几点。

① 小心谨慎、轻拿轻放。

② 严禁摔碰、撞击、拖拉、翻滚、挤压、抛扔和剧烈震动。

③ 严格按包装标志码垛、装卸。

④ 理解并遵守各种要求。

⑤ 盛装器皿应符合物性，必要时要专用。

贵重金属，如金、银，水银、有色金属等具有巨大价值，因此，有必要按照指定方式搬运。

第四章

仓储保管

仓储保管水平是衡量现代企业管理水平的重要标志，做好仓储保管环节的内部控制工作，对仓储物品进行有效保管，能不断提高仓储保管工作的效率和质量，保证仓储物品的安全，有效提升仓储保管水平。

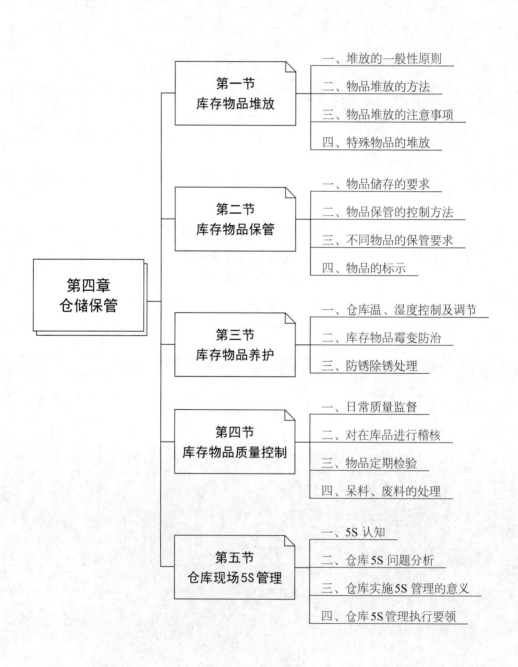

第四章
仓储保管

第一节
库存物品堆放
- 一、堆放的一般性原则
- 二、物品堆放的方法
- 三、物品堆放的注意事项
- 四、特殊物品的堆放

第二节
库存物品保管
- 一、物品储存的要求
- 二、物品保管的控制方法
- 三、不同物品的保管要求
- 四、物品的标示

第三节
库存物品养护
- 一、仓库温、湿度控制及调节
- 二、库存物品霉变防治
- 三、防锈除锈处理

第四节
库存物品质量控制
- 一、日常质量监督
- 二、对在库品进行稽核
- 三、物品定期检验
- 四、呆料、废料的处理

第五节
仓库现场5S管理
- 一、5S认知
- 二、仓库5S问题分析
- 三、仓库实施5S管理的意义
- 四、仓库5S管理执行要领

第一节　库存物品堆放

物品堆放是根据物品的包装、外形、性质、特点、重量和数量，结合季节和气候情况，以及储存时间的长短，按一定的规律将其堆码成各种形状的货垛。其目的在于对货物进行维护、查点等管理和提高仓容利用率。

一、堆放的一般性原则

物品堆放时，必须考虑图4-1所示的原则。

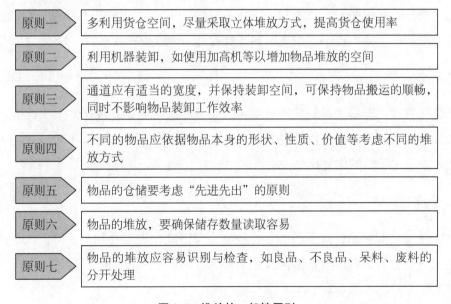

原则一	多利用货仓空间，尽量采取立体堆放方式，提高货仓使用率
原则二	利用机器装卸，如使用加高机等以增加物品堆放的空间
原则三	通道应有适当的宽度，并保持装卸空间，可保持物品搬运的顺畅，同时不影响物品装卸工作效率
原则四	不同的物品应依据物品本身的形状、性质、价值等考虑不同的堆放方式
原则五	物品的仓储要考虑"先进先出"的原则
原则六	物品的堆放，要确保储存数量读取容易
原则七	物品的堆放应容易识别与检查，如良品、不良品、呆料、废料的分开处理

图4-1　堆放的一般性原则

二、物品堆放的方法

1.五五堆放法

五五堆放法是根据各种物品的规格和形状做到"五五成行，五五成方，五五成串，五五成堆，五五成层"，使物品叠放整齐，便于点数、盘点和取送。如图4-2所示。

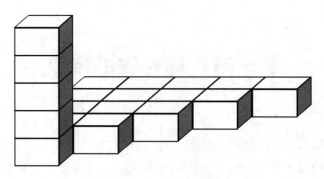

图4-2　五五堆放示意图

此方法适用于体积较大、外形规则的物品。

2.六号定位法

六号定位法即按库号、仓位号、货架号、层号、订单号、物品编号等六号对物品进行归类叠放，登记造册，并填制"物品储位图"，以便于迅速查找物品的存储位置。

此方法适用于体积较小、用规则容器盛装且品种较少的物品。

3.托盘化管理法

托盘化管理法即将物品码放在托盘上、卡板上或托箱中，便于成盘、成板、成箱地叠放和运输，便于叉车将物品整体移动，提高物品的保管和搬运效率。

此方法适用于机械化仓库作业。

4.分类管理法

分类管理法即将品种繁多的物品，按其重要程度、进出仓频率、价值大小、资金占用情况进行分类，并放置在不同类别的库区，然后采用不同的管理规定，做到重点管理，兼顾一般。如图4-3所示。

A区					B区				
2301	2302	2303	2304	2305	3302	3305	3306	3307	
C区					D区				
5602	5603	5608	5609	5610	1602	1603	1604	1605	1606

图4-3　仓库分区图

三、物品堆放的注意事项

1.三层以上要骑缝堆放

骑缝堆放即相邻层面间箱体要互压，要求箱体相互联系、合为一体，这样可防止物品偏斜、摔倒。如图4-4所示。

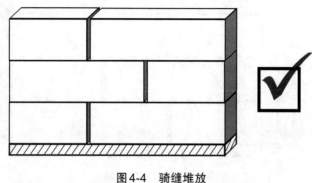

图4-4　骑缝堆放

2.堆放的物品不能超出卡板

即堆放的物品要小于卡板尺寸，要求受力均匀平衡，不要落空，这样可防止碰撞、损坏纸箱。如图4-5所示。

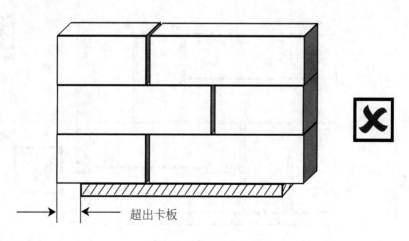

超出卡板

图4-5　超出卡板

3.遵守层数限制

遵守层数限制即纸箱上有层数限制标志，要按层数标志堆放，不要超限，防止压垮纸箱、挤压物料，如图4-6所示。

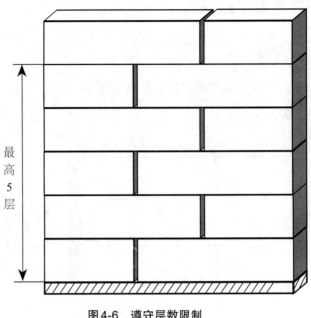

图4-6　遵守层数限制

4.不要倒放物品

纸箱上有箭头指示方向时，要求按箭头指向堆放，不要倒放或斜放，防止箱内物品受挤压，如图4-7所示。

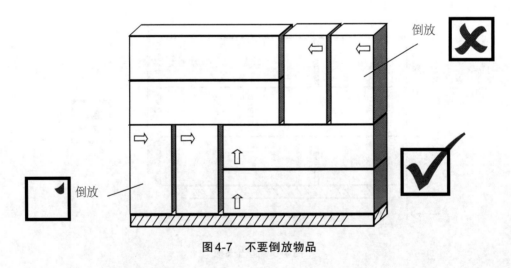

图4-7　不要倒放物品

5.纸箱已变形的不能堆放

如果纸箱外部有明显的折痕就不能堆放，这是因为变形的纸箱不能承重。受损的纸箱要独立放置，以防止箱内物料受压，如图4-8所示。

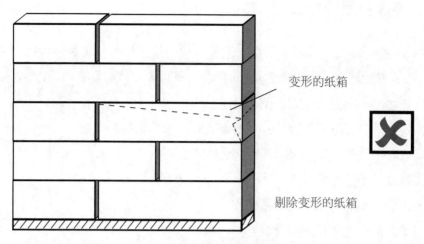

图4-8　纸箱已变形的不能堆放

6.纸箱间的缝隙不能过大

同层纸箱会有间隔距离，这是因为纸箱的尺寸可能不一样。堆放要求是最大缝隙不能大于纸箱，以防止箱内物品受挤压，如图4-9所示。

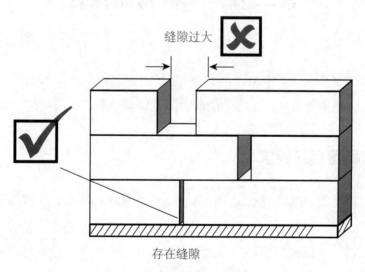

图4-9　纸箱间的缝隙不能过大

 小提示

　　物品堆放应根据物品的种类、性质、包装、使用的器具等不同而灵活选择不同的堆放方法。

四、特殊物品的堆放

特殊物品指的是具有易燃、易爆、剧毒、放射性、挥发性、腐蚀性等特性的危险物品，它们的堆放原则其实因物而异，但也有一些共性原则。

① 特殊物品不能混放，如易燃、易爆品等不能同剧毒品放在一起。

② 特殊物品最好不要堆放，一定要堆放时必须严格控制数量。

③ 堆放时一定要确认并保持其原包装状态良好。

④ 特殊物品不能骑缝堆放。

⑤ 特殊物品不能倚靠其他物品堆放。

⑥ 特殊物品垛之间必须要有适当的间距。

⑦ 放置在货架上的特殊物品不能堆放。

⑧ 存放区域不受周围影响。

第二节　库存物品保管

库存物品的保管是仓库管理工作的核心，不仅要保证仓库中的物品不遭到损坏，还要保证物品的质量与安全，这样才能最大限度保证企业的经济利益。

一、物品储存的要求

各种原材料、在制品、成品均应储存在适宜的场地和库房，储存场所条件应与产品要求相适应，如必要的通风、防潮、温控等，应制定入库验收、保管和发放的仓库管理制度或标准，定期检查库存品的状况，以防止产品在使用或交付前受到损坏或发生变质。一般来说，库存物品保管应符合图4-10所示的要求。

图4-10　物品储存的要求

1.整理好储存区域

仓库的储存区域应整洁，具有适宜的环境条件。对温度、湿度和其他条件敏感的物品，应有明显的识别标志，并单独存放，为其提供必要的环境。

2.使用适当的储存方法

储存中可能会腐蚀和变质的物品，应按一定的防腐蚀和变质的方法进行清洗、防护、特殊包装和存放。

3.做好储存品的监控

要对储存品进行监控，仓库采取必要的控制手段。

① 定期检验、对在库产品实行"先入先出"的原则、定期熏蒸消毒等，做好库存品的检验记录。

② 物品入库应验收合格，并注明接收日期，做好适当标志；对有储存期要求的物品，应有适用的储存品周转制度；物品堆放要有利于存取，并防止误用。

③ 定期检查库存品状况，限制非仓库人员进入，物品出库手续应齐全，加强仓库管理。

④ 储存物品应有一套清楚完整的账、物、卡管理制度。

二、物品保管的控制方法

物品的保管控制是仓储管理的重要内容之一，各种原材料、半成品、成品等都必须依照一定的标准实行在库管理。物品保管的主要控制方法如表4-1所示。

表4-1　物品保管的主要控制方法

序号	控制方法	具体说明
1	分类存放	物品的储存保管，原则上应以物品的属性、特点和用途来规划、设置仓库，并根据仓库的条件考虑划分区域
2	科学堆放	物品堆放的原则：在堆垛合理、安全、可靠的前提下，推行五五堆放法；根据物品特点，必须做到过目见数，检点方便，成行成列，排放整齐
3	通道畅通	通道设计应合理，并留有适当的包装或开包检查场地，平常应保持通道畅通
4	明确职责	仓管员对库存、代保管、待验材料以及设备、容器和工具等负有经济责任和法律责任，因此要坚决做到人各有责，物各有主，事事有人管。仓库物品如有损失、贬值、报废、盘盈、盘亏等情况，仓管员应及时报告科长，分析原因，查明责任，按规定办理报批手续，未经批准一律不准擅自处理。仓管员不得采取"发生盈时多送，亏时克扣"的违纪做法

续表

序号	控制方法	具体说明
5	加强保管	保管物品要根据其自然属性，考虑储存场所和保管常识，加强保管措施，符合"十不"要求，务必使财产不产生保管责任损失。同类物品堆放时，要考虑"先进先出"，发货方便，留有回旋余地
6	严格审批	保管物品，未经上级同意，一律不准擅自借出。总成物品，一律不准拆件零发，特殊情况需经上级批准
7	保障安全	仓库要严格保卫制度，禁止非本库人员擅自入库。仓库严禁烟火，明火作业需经保卫部门批准。仓管员要懂得使用消防器材，掌握必要的防火知识

三、不同物品的保管要求

仓库物品因性质和价值存在差异，有不同的管理方法。

1.贵重物品的管理

贵重物品是指价值较高的物品，一般根据物品的贵重程度实施不同级别的管理。通常实施专用仓库管理和保险柜管理。

（1）专用仓库管理

专用仓库主要用来保管IC（芯片）、焊锡条、羊绒等价值比较高且数量多的物品。保管时实行专人专管的管理制度，具体方法如图4-11所示。

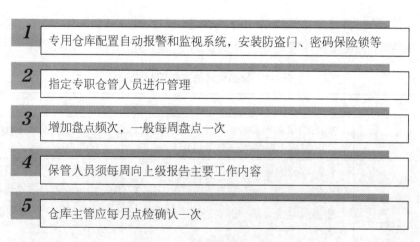

图4-11 专用仓库管理方法

（2）保险柜管理

保险柜主要用来保管金、银、水银等贵重物品。保管时实行两人管理制，具体方法如图4-12所示。

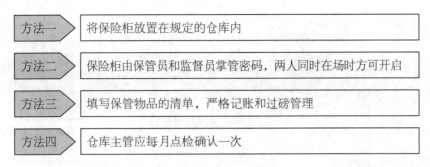

图4-12 保险柜管理方法

2.危险物品的管理

危险物品是指化工原料、印刷油墨、炸药、汽油、香蕉水等具有危险性的物品。一般要根据物品的危险程度实施不同级别的管理。

（1）高危物品——专用仓库管理法

专用仓库管理法即设置专门用途的仓库，用以存放高危险性的物品，如炸药、汽油、香蕉水等。具体方法如图4-13所示。

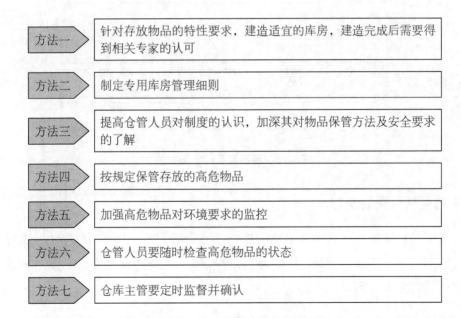

图4-13 专用仓库管理法

（2）低危物品——隔离管理法

隔离管理法即把存在危险性的物品与其他物品隔离开来，分别放置，如包装完好的化工原料、印刷油墨等。具体方法如图4-14所示。

图4-14　隔离管理法

3.易损物品的管理

易损物品是指那些在搬运、存放、装卸过程中容易发生损坏的物品，如玻璃、陶瓷制品、精密仪表等。对这类物品按图4-15所示的方法保管。

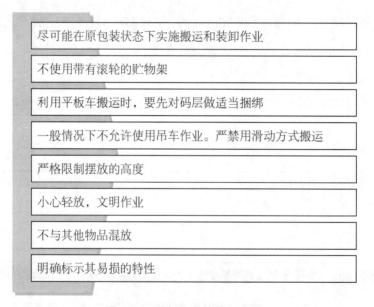

图4-15　易损物品的管理方法

4.易生锈材料的管理

易生锈材料是指那些具有加工切口的金属类物料，由于其切口处没有抗氧化的保护层，因而容易发生氧化生锈。如有冲口的机器外壳、有螺丝口的垫片等。对这类物料的管理应按图4-16所示的方法进行。

方法一	专门设置保管易生锈材料的仓库
方法二	按防锈标准要求及防锈技术实施管理
方法三	严格控制易生锈材料的库存时间，严格执行"先进先出"的原则

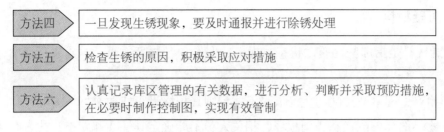

图 4-16　易生锈材料的管理方法

5. 敏感材料

敏感材料是指那些本身具有敏感特性的材料，若控制失误就有可能导致材料失效或产生事故。如磷可在空气中自燃、IC 怕静电感应、胶卷怕曝光、色板怕日晒风化等。这类物品的管理方法如图 4-17 所示。

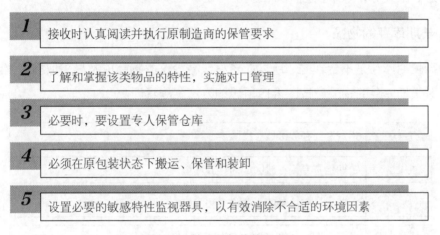

图 4-17　敏感材料的管理方法

6. 有效期限较短的物料

有效期限较短的物料是指有效期限不满一年，或随着时间的延长，其性能下降比较快的物料，如电池、黄胶水、PCB（印制电路板）等。这类物品的管理方法如图 4-18 所示。

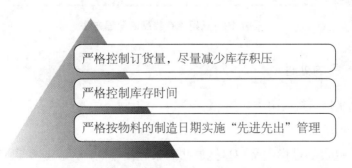

图 4-18　有效期限较短的物料的管理方法

7. 可疑材料

可疑材料是指那些性质、状态、规格、型号和名称等不明了，或缺乏证据证明的材料。

① 生产过程中被拉乱、生产人员不能识别其规格大小或质量好坏的物料。

② 物品的标志或状态遭到损坏，相关人员不能确定其性质和状态，或者有疑问的物品。

③ 工作或使用中发现可疑因素，致使人们对物品的原标志或状态产生怀疑、不相信等心理的物品。

④ 其他任何情况下所产生的有争议且无法定夺的物品。

可疑材料一律按不合格品处理。可参考企业的不合格品管理方法，将其分为特采、挑选、报废等，只是在标示方法上注明是"可疑材料"。

8. 长期库存的物品

物品长期库存是不合理的，所以应该尽量减少这类物品或及早采取措施消除这种情况。对长期库存的物品应按图4-19所示的方法实施管理。

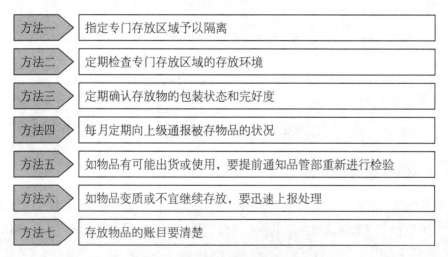

图4-19 长期库存物品的管理方法

9. 退货产品的处理

退货产品是指出货后由于某些原因又被客户退回公司的产品。主要包括以下两类。

（1）客户检验退货品

客户检验退货品是指被客户整批退回的未经使用的产品。这类退货产品一般是因为客户或其他机构在检验中发现了某些问题才被退回的。处理步骤如图4-20所示。

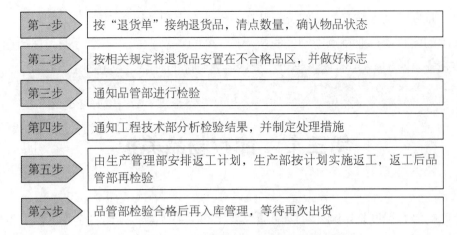

第一步	按"退货单"接纳退货品，清点数量，确认物品状态
第二步	按相关规定将退货品安置在不合格品区，并做好标志
第三步	通知品管部进行检验
第四步	通知工程技术部分析检验结果，并制定处理措施
第五步	由生产管理部安排返工计划，生产部按计划实施返工，返工后品管部再检验
第六步	品管部检验合格后再入库管理，等待再次出货

图4-20　客户检验退货品的处理步骤

（2）客户使用退货品

客户使用退货品是指已经使用过的非批量性产品。这类退货产品的处理步骤如图4-21所示。

第一步	按"退货单"接纳退货品，清点数量，确认物品状态
第二步	按相关规定将退货品安置在不合格品区，并做好标志
第三步	通知品管部进行检验，记录检验结果
第四步	通知工程技术部分析检验结果，依据分析结果制定纠正和预防措施，以改善生产
第五步	对退货品实施拆机处理，生产管理部安排拆机计划，生产部按计划拆机
第六步	拆出的零件视完好程度分类后交仓库处理。良品交来料检验，不良品及来料检验的不合格品作报废处理
第七步	检验合格的良品重新办理入库进行管理

图4-21　客户使用退货品的处理步骤

四、物品的标示

物品标示的目的是便于识别、便于管理。

物品标示可以用于区分物品的种类、品质状态、作业方法等。

标示的方式有颜色管理（如用不同的颜色来区分月份）、看板管理（仓库规划看板、重要物品库存看板、评比状态看板等）、形态管理（如三角形表示保质期为三个月）等，且要明确张贴方式（如统一贴在箱子的右上角）。

标示的内容依行业特点不同而有所不同（如食品行业强调出厂日期与保质期，化学品重视安全防护）。但有以下三个主要内容：物品的种类、数量和生产厂商。

第三节　库存物品养护

仓库的温、湿度是影响库存物品质量变化的主要因素，因而对于库区温、湿度的控制调节以及仓库物品霉变的防治是物品保管中一项重要的日常工作。

一、仓库温、湿度控制及调节

物品在储存期间，要有一个适宜的温、湿度，以确保物品的性质不变。

为了维护仓储品的品质完好，创造适宜物品储存的环境。当库内温、湿度适宜物品储存时，就要设法防止库外气候对库内的不利影响；当库内温、湿度不适宜物品储存时，就要及时采取有效措施调节库内的温、湿度。

1.通风降温

通风降温是根据空气自然流动的规律，有计划地使库内外空气互相流通交换，以达到调节库内空气温、湿度的目的的措施。

在采用通风降温时，必须符合以下两个条件。

① 库外空气的温度和绝对湿度低于库内空气的温度和绝对湿度。

② 库外气温高于库内气温，库外绝对湿度低于库内绝对湿度，并且库内露点小于库内气温和库外露点小于库内露点。

此外，必须注意通风的气象条件，如在天晴、风力不超过5级时效果较好；通风的季节性，如秋冬季节较为理想；通风的时间性，虽说夏季不宜通风降温，但有时会遇到有利的通风天气，可采取通风数小时的办法降温等。

2.密封

密封是保持库存物品所需温、湿度条件的一种技术措施，它分为封库和封垛。一般情况，对物品出入不太频繁的库房可采取整库封闭；对物品出入较为频繁的库房，不能封库，可以采取封垛的措施。封库、封垛可采取以下措施：

① 关闭库房所有的门、窗和通风孔，并将缝隙用胶条、纸等封堵或涂以树脂。

② 用5厘米宽、2.5厘米厚的泡沫塑料条，刷上树脂后粘贴于门框四周，再在门的四边刻上槽，将胶管按入槽内，使门关好后胶管正好压在泡沫塑料中间。

③ 库房大门上开一个人行小门，以减少潮湿空气侵入库内。

④ 利用塑料薄膜将货垛或货架全部遮盖包围直至地面，以减少或隔绝湿气和物品的接触。

3.吸潮

在梅雨季节或阴雨天，当库内湿度过高，不适宜物品保管，而库外湿度也过高，不宜进行通风散潮时，可以在密封库内用吸潮的办法降低库内湿度。

（1）吸湿剂

吸湿剂是一种除湿的辅助办法，它是利用吸湿剂吸收空气中的水汽，达到除湿的效果。常用的吸湿剂有生石灰、氯化钙、硅酸等。

（2）吸湿机

这是仓库普遍使用的吸潮方法，即用吸湿机把库内的潮湿空气通过抽风机，吸入冷却器内，使它凝结为水排出。

小提示

吸湿机一般适合为储存棉布、针棉织品、贵重百货、医药、仪器、电工器材和烟糖类的仓库吸湿。

二、库存物品霉变防治

物品霉变的防治是主要针对物品霉变的外因即微生物产生的环境条件，而采取的技术措施。常见措施有两条：一条是加强储存物品的保管工作；另一条是预防措施，即采取药剂防霉腐。

1.储存物品的合理保管

① 加强每批物品的入库检查，检查有无水渍和霉腐现象，检查物品的自然含水量是否超过储存保管范围，包装是否损坏受潮，内部有无发热现象等。

② 针对不同物品的性质，采取分类储存保管，达到不同物品所需的不同储存保管条件，以防止物品的霉变。

③ 根据不同季节、地区的不同储存保管条件，采取相应的通风除湿措施，使库内温度和湿度达到抑制霉菌生长和繁殖能力的要求。

2.药剂防霉腐

药剂防霉腐即把对霉腐微生物具有抑制和杀灭作用的化学药剂加到物品上，起到防止霉腐的作用。防霉腐药剂的种类很多，常用的工业品防腐药剂有亚氯酸钠、水杨酰苯胺、多聚甲醛等。

另一种情况是，由于多数霉腐微生物只有在有氧气的条件下才能正常繁殖，所以，用氮气或二氧化碳全部或大部分取代物品储存环境中的空气，使物品上的微生物不能生存，从而达到防霉腐效果。这种方法常用于工业品仓库。

三、防锈除锈处理

防止金属锈蚀是金属材料和金属制品保管的一项重要任务。金属锈蚀的原因很多，如大气锈蚀、土壤锈蚀、海水锈蚀、接触锈蚀等。而产生这些锈蚀的根本原因是化学锈蚀和电化学锈蚀，其中电化学锈蚀最为普遍也最为严重。金属材料和金属制品的保养方法分为两大类：防锈和除锈。

1.金属防锈

仓储保管应以预防为主，加强物品的储存保养。金属材料和金属制品的防锈方法有很多，在仓储保管中所采用的防锈办法主要有以下几种。

（1）控制和改善储存条件

控制和改善金属的储存条件主要注意图4-22所示的要点。

要点一	选择适宜的储存场所。应尽可能选择远离有害气体和粉尘的厂房，同时远离酸、碱、盐类物质或气体。储存场所需具有良好的排水系统，货场要用碎石或炉灰垫平，以增强地面表层的透水性，保持库区的干燥
要点二	保持库房干燥。保持库房相对湿度在70%以下，较精密的金属制品必须在库房内储存，并禁止与化工物品或含水量较高的物品同库储存
要点三	保持物品及储存场所的清洁
要点四	妥善码垛和苫盖。码垛时要垫高垛底，以加强垛下的通风
要点五	保持、保护材料的防护层和包装的完好。如果包装损坏，应进行修复或更换；当包装受潮时，应对包装材料进行干燥处理；如果发现金属表面的防锈油层被已破坏或干涸，应及时进行清洗，重新涂油
要点六	坚持定期的质量检查，并做好质量检查记录

图4-22　控制和改善金属储存条件的要点

（2）涂油防锈

涂油防锈法是指在金属表面涂刷一层油脂，使金属表面与空气和水隔绝，以达到防锈的目的。按照防锈油在金属表面存在的状态，其可以分为硬膜防锈油和软膜防锈油两种。

① 硬膜防锈油。硬膜防锈油在使用前呈稠液状，涂在金属表面后会很快干涸，形成一层硬壳，即使经受轻微磨打也不会损伤。它的防锈性能较软膜防锈油要好，但油膜不易去除，因而主要用于待加工材料或露天存放的大型钢铁器材的防锈。

② 软膜防锈油。软膜防锈油刷涂在金属表面后会形成一层油膜，从而将金属与空气隔绝。它使用方法简单，但由于油膜容易被破坏，因而多用于库房内较长期封存的金属物料的防锈。

（3）气相防锈法

气相防锈法是利用挥发性缓蚀剂在常温下挥发出的缓蚀气体，阻隔腐蚀介质的腐蚀作用，从而达到防锈的目的。由于其成本较高，因此一般适用于成品或较为贵重的材料的保养。

（4）可剥性塑料材料防锈

可剥性塑料是以树脂为基础原料，加入矿物油、增塑剂、缓蚀剂、稳定剂以及防霉剂等，加热溶解后制成。这种塑料液喷涂于五金制品表面，成膜后，在塑料薄膜与金属之间，可以析出一层油膜，使塑料薄膜易于剥落，故称可剥性塑料。它可阻隔腐蚀介质对金属商品的作用，以达到防锈目的。这种材料适用于钢、铁和铝等金属，而且膜的韧性好，但费用昂贵。

（5）涂漆防锈

在金属制品表面均匀地涂上一层油漆，是应用极其广泛的一种防锈方法。其优点是施工简单、适用面广；缺点是易开裂、脱落，而且可从漆层空隙间透过湿气，往往在漆层底下发生金属锈蚀。

（6）防锈水防锈

防锈水防锈也是应用比较广泛的防锈方法，但因防锈期限短，所以多用于工序间防锈。

2.金属除锈

金属除锈的方法有人工除锈、机械除锈、化学除锈和电化学除锈等。

① 人工除锈。即通过手工擦、刷、磨等操作清除锈迹。具体如图4-23所示。

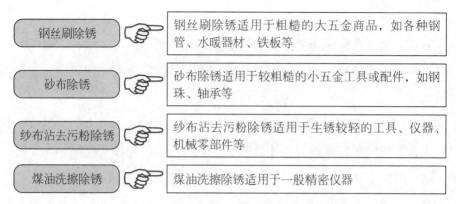

图4-23　人工除锈的方法

② 机械除锈。机械除锈具有效率高、人力省、开支小等特点，适用于小五金商品的除锈。

③ 化学除锈。化学除锈具有操作方便、设备简单、效率高、效果好等优点，特别适用于形状复杂物品。化学除锈过程主要分为除油、除锈、中和、干燥等几道工序。如图4-24所示。

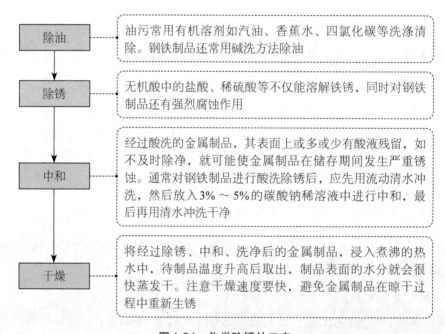

图4-24　化学除锈的工序

④ 电化学除锈。电化学除锈是一种基于电化学反应的金属表面除锈技术。它利用金属在电解质溶液中的阴阳极反应，将金属表面的氧化皮、锈层等污染物质还原为无害物质，从而实现对金属表面的除锈清洗。电化学除锈可分为直接电解法和间接电解法两种形式。其中直接电解法是将被除锈金属作为阳极，将电流通过电极板和电解质

溶液，使金属表面的污染物质发生还原反应而脱落。间接电解法则是将被除锈金属作为阴极，与氧化剂结合形成还原电位，使氧化皮、锈层等污染物质从金属表面脱落。电化学除锈主要用于形体较大的金属制品。

第四节　库存物品质量控制

物品存放在仓库中，由于保管不善可能会发生劣化，影响物品的质量。因而物品的存储与其质量有很重要的关系，而对在库物品的质量控制正是为了保证库存物品的质量，也是仓储保管的重要内容之一。

一、日常质量监督

1.日常质量监督的方式和性质

总体上讲，在库品日常质量监督的工作方式是巡视，方法是目视检查。

① 巡视：定时巡回查看。

② 目视检查：用眼睛观察确认。

2.日常质量监督的实施频率

日常质量监督的实施频率为每班不少于一次，夜班也不能例外。日常质量监督无须记录检查报表，但必须有巡查记录表，以免责任人遗忘，有利于进行必要的追溯。

🔍【实战工具18】▶▶▶ --

仓库巡查记录表

检查项目	月　日	月　日	月　日	月　日	月　日	月　日	月　日
	星期一	星期二	星期三	星期四	星期五	星期六	星期日
库房清洁							
作业通道							
用具归位							
货物状态							

续表

检查项目	月　日	月　日	月　日	月　日	月　日	月　日	月　日
	星期一	星期二	星期三	星期四	星期五	星期六	星期日
库房温度							
相对湿度							
照明设备							
消防设备							
消防通道							
防盗设施							
托盘维护							
检查人							

注：1.消防设备每月做一次全面检查。

2.破损的托盘每月集中维护处理。

3.日常质量监督的内容

仓库日常质量监督的内容如下。

① 仓库的温度和湿度。

② 物品的摆放状态，如有无东倒西歪等。

③ 物品本身的状态，如有无腐烂、生锈等。

④ 物品的环境状态，如有无雨淋、日晒等。

⑤ 仓库的设备状况，仓库的各项设备如起重设备、叉车、货架、托盘等是否完好。

⑥ 仓库的照明状况，照明是否能够满足仓库作业要求，照明设施有无损坏等。

⑦ 仓库的防盗状况，如门、窗有无破损，门、窗锁是否有效，防盗方面是否存在其他隐患等。

⑧ 仓库的消防状况，如消防设备是否齐全、有效，数量是否足够，存放地点是否合适等。

二、对在库品进行稽核

对在库品的稽核主要分两类：仓管员的稽核与质检人员的稽核。

1.仓管员的稽核

仓管员的稽核应体现在日常工作中，需要建立一个由主管牵头，全仓库人员积极参与的稽核模式。

仓管员稽核通常采用目视的方法，具体内容如图4-25所示。

稽核物料是否受到挤压、是否变形

稽核物料是否受到时间影响而腐化

稽核物料的包装是否脱落

稽核物料是否受到温度影响而生锈

稽核物料是否在有效保质期内

稽核物料摆放位置是否恰当，是否会出现倒塌

稽核物料是否混装不合格品（显性）

图4-25　仓管员的稽核

2.质检人员的稽核

质检人员对仓库在库品的稽核通常要运用工具，或者采用实验的方法，其主要内容如图4-26所示。

- 稽核物料的尺寸是否发生变化
- 稽核物料的功能是否完善
- 稽核物料中是否混装了不合格品（隐性）

- 稽核物料的组成元素是否发生变迁
- 稽核物料检验是否出现遗漏
- 稽核物料的保质期是否有效
- 稽核仓库的仓管方法是否正确

图4-26　质检人员的稽核

三、物品定期检验

物品定期检验是对于库存期限超过一定时间的物品按规定频次进行的质量检验，是为了了解被储存的物品质量是否良好而进行的相应处理。

1.定期检验的周期

定期检验的周期要根据物品的特性作出不同的规定，例如：

① 油脂、液体类物品，定检期为6个月。

② 易变质生锈的物品，定检期为4个月。

③ 有危险性的特殊类物品，定检期为3个月。

④ 有效期限短的物品，定检期为3个月。

⑤ 长期储备的物品，定检期为24个月。

⑥ 其他普通物品，定检期为12个月。

2.库存物品定期检验的方法

一般情况下，库存物品定期检验的方法与进料检验的方法相类似，由IQC部门按抽样的方法进行。库存物品定期检验的实施步骤见图4-27。

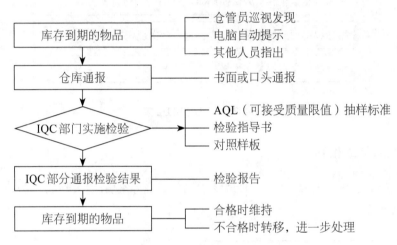

图4-27　库存物品定期检验的实施步骤

3.库存物品定期检验结果的处理方法

对库存物品定期检验结果的处理应以质量检验报告为依据。合格则维持现状，不合格则需要按图4-28所示的步骤处理。

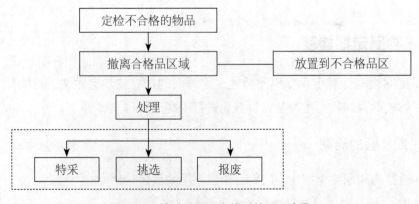

图4-28　检验结果不合格时的处理步骤

四、呆料、废料的处理

呆、废料是在企业的生产经营中产生的，由于呆、废料的价值已经减少了很多，所以处理呆、废料对于节省人力以及节约仓储空间等方面有很重要的意义。

1.呆料、废料的分类

（1）呆料

呆料即物料存量过多、耗用量极少、库存周转率极低的物料，这种物料只是偶尔耗用少许，甚至有根本不再动用的可能。呆料为可用物料，没有丧失物料原来的特性和功能，只是呆置在仓库中很少动用。

通常是根据其最后异动日（该物料最近一次进出日期）判断，当其最后异动日至盘查日期的间隔日期超过180天时，仓库就可以填写"半年无异动滞料明细表"，报请主管人员审批。

🔍 【实战工具19】▶▶ -

半年无异动滞料明细表

物料名称	单位	规格	入库日期	最近半年无异动			发生原因		拟处理方式		
				数量	单位	金额	原因	说明	办法	数量	期限

主管批准：　　　　　　　　　　　　　　经办人：

- -

（2）废料

废料是指报废的物料，即经过相当长时间的使用，本身已残破不堪、磨损过度或已超过其寿命年限，以致失去原有的功能而无利用价值的物料。

（3）旧料

旧料是指经使用或储存过久，已失去原有性能或色泽，价值降低的物料。

（4）残料

残料是指在加工过程中所产生的物料零头，已丧失其主要功能，但仍可设法利用。

2.呆料的预防

呆料预防重于呆料处理，所以可以从呆料的产生原因来进行有效的防范，如表4-2所示。

表4-2　呆料的预防

部门	预防措施
销售部门	（1）加强销售计划的稳定性，对销售计划的变更要加以规划；切忌频繁变更销售计划，使购进的材料变成仓库中的呆料 （2）应切实把握客户的订货，尤其是特殊订货不宜让客户随意取消；否则材料准备下去，容易形成呆料 （3）消除客户百分之百的优先主义，客户预订的产品型号或规格应减少变更，尤其是特殊型号和规格的产品更应设法减少客户变更的机会，否则会造成很多的呆料 （4）销售人员接受的订货内容应准确把握，并把正确而完整的订货内容传送至计划部门
设计部门	（1）加强设计人员的能力，减少设计错误的机会，不至于因设计错误而产生大量呆料 （2）设计力求完整，产品设计完成后先经过完整的试验，才能大批订购材料 （3）设计时要尽量实现零件、包装材料等的标准化。这样就可尽量避免零件与包装材料种类过多而使呆料增加
计划与生产部门	（1）加强产销的协调，增加生产计划的稳定性，对紧急订单妥善处理。如此可减少呆料的产生 （2）生产计划的拟订应合乎现状。若生产计划错误而造成备料错误，自会产生呆料 （3）生产线加强发料、退料管理，则生产线上的呆料自然会减少 （4）新旧产品更替，生产计划应十分周密。以防止旧材料变成呆料
货仓与物控部门	（1）材料计划应加强，消灭材料计划失常的现象 （2）对存量加以控制，勿使存量过多。以减少呆料产生 （3）强化仓储管理，加强账物的一致性
采购管理部门	（1）减少物料的不当请购、订购 （2）加强辅导供应厂商，呆料现象自可降低
验收管理部门	（1）物料验收时，避免混入不合格物品，强化进料检验并彻底执行 （2）加强检验仪器的精良化，减少不合格物料"鱼目混珠"的机会，消灭不良物料入库的可能性

3.呆料的处理

处理呆料的途径主要有以下几种。

① 调拨给其他单位利用。本部门的呆料，其他部门仍可设法利用，可将呆料进行

调拨。

② 修改再利用。既成呆料，利用机会就少，有时将呆料在规格上稍加修改，就能够得以利用。

③ 借新产品设计时尽量利用，消化库存的呆料。

④ 打折出售给原来的供应商。

⑤ 与其他公司用以物易物的方式相互交换处理。

⑥ 破坏焚毁。对于无法出售、交换、调拨再利用的呆料，宜根据物品的类别分别考虑破毁、焚毁或掩埋。

4.废料的申报

对于储存的废料，仓管人员首先要填写物料报废申请表，得到相关部门的批示报告后再做进一步的处理。

🔍【实战工具20】▶▶ -

物料报废申请表

TO：物控部
RM：仓库

品名	规格	报废申请原因	IQC重检单号	拟处理方式	数量	单价	金额	如变卖预计回收金额	备注
合计									

总经理		厂长		生产主管确认		仓库主管审核	
财务副总经理		技术/开发		品保		制表人	

- -

5.废料的预防与处理

废料产生的原因如图4-29所示。

物料损坏形成废料	物料使用过程产生边角料	物料陈腐
因保管不当，导致物料发霉、腐蚀、生锈等，造成物料失去使用价值	边角料是在物料的使用过程中，所产生的物料零头，且已经丧失了其主要功能	物料经过长时间使用或储存过久，致使失去原有的性能或色泽，无法使用

图4-29　废料产生的原因

根据废料产生的原因，可以采取以下预防对策。

① 提高对物料的使用效率，尽量少产生边角料。

② 建立物料的先进先出收发制度，以免堆积过久而成为陈腐报废的物料。

③ 机器设备定期作保养与维护，以减少机器报废而产生的废料。

④ 做好仓库环境的清洁卫生，预防物料虫蛀、霉腐、锈蚀等现象的发生，减少物料的毁损。

6.废料的处理

规模较小的企业，当废料积累到一定程度时应做出售处理。规模较大的企业，可将废料集中一处进行废料解体工作，将解体后的废料分类处理。

① 废料解体后，其中有许多可移作他用的物料，如胶管、机械零件、电子零件等。

② 废料解体后，其中仍有残料如钢条、钢片等可利用。

③ 废料解体后，所剩余的废料应小心分类，如将钢料、铝、铅、铜、塑胶等适当分类。若可重新回炉，则送工厂再加工，或按适当的价格向废品回收机构出售，废料分类后可卖得较高的价钱。

④ 处理好后，做好档案资料，以备日后查询。

🔍【实战工具21】▶▶ -

废料处理清单

物料名称	规格型号	物料状况	报废原因	预计残值/元	实际收入	备注

仓管员：

- -

第五节　仓库现场5S管理

仓库现场5S管理是现场管理有效的管理工具，旨在通过减少浪费、强化管理和改善工作环境，提高仓库的效率和质量。它有着广泛的应用，可以用于化工、医药、食品、物流等各个领域的仓库管理。

一、5S认知

5S是5个日文词汇的罗马拼音的首字母：Seiri（整理），Seiton（整顿），Seiso（清扫），Seiketsu（清洁）和Shitsuke（素养），5S的含义如图4-30所示。

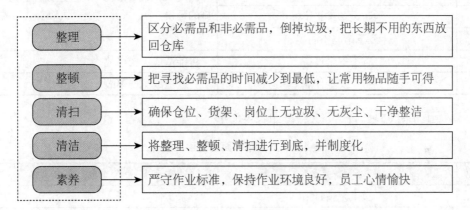

图4-30　5S的含义

二、仓库5S问题分析

为了在仓库彻底执行5S管理，就有必要对仓库的问题进行分析，以便采取相应的对策。

以下所列是仓库各方面的问题点，供参考。

① 物品管理方面问题点，如表4-3所示。

表4-3　物品管理方面问题点

序号	问题点	危害
1	物品乱堆放	可能造成损坏和引起通道不畅
2	物品没有标志	可能造成误用或错取
3	物品上有灰尘	可能影响物品品质

序号	问题点	危害
4	物品堆积过高	物品可能有跌落的危险
5	物品没有定位	增加寻找物品的时间
6	物品包装破损	可能造成物品损坏
7	无用物品未处理	占用场地，增加管理难度

② 安全管理方面问题点，如表4-4所示。

表4-4　安全管理方面问题点

序号	问题点	危害
1	安全隐患多	可能造成火灾或事故
2	灭火装置配置不合理	出现灾害或事故时，可能造成应急对策措施的延误
3	安全通道不畅	
4	消防设备维护不好	
5	应急措施不明确	
6	有不安全设备	可能造成工伤事故
7	有不安全作业	可能造成工伤事故

③ 员工精神面貌方面问题点，如表4-5所示。

表4-5　员工精神面貌方面问题点

序号	问题点	危害
1	员工无精打采	导致工作效率低
2	员工穿戴不整齐	影响美观和士气
3	员工抱怨多	影响工作积极性，效率低
4	现场员工无所事事	影响公司形象和生产效率
5	员工之间没有问候	影响士气
6	员工不按标准作业	容易造成品质不良及引起安全事故

④ 区域管理方面问题点，如表4-6所示。

表4-6　区域管理方面问题点

序号	问题点	危害
1	区域规划混乱	影响效率和形象
2	区域内有垃圾、灰尘	影响品质或公司形象
3	区域管理责任不明	
4	区域内有乱张贴现象	
5	区域没有画线标志	

续表

序号	问题点	危害
6	墙面、地面破损脏污	影响公司形象和员工士气
7	门窗桌椅等破损	影响公司形象和员工士气

⑤ 工作环境方面问题点，如表4-7所示。

表4-7　工作环境方面问题点

序号	问题点	危害
1	空气不流通	危害员工身体健康
2	温度、湿度过高	影响人体健康或产品品质
3	粉尘、气味、噪声严重	影响人体健康或产品品质
4	采光或照明不好	
5	地面、楼面震动	影响品质和建筑物安全
6	更衣室、休息室、厕所脏乱	影响员工士气
7	员工没有休息场所	

⑥ 作业方面问题点，如表4-8所示。

表4-8　作业方面问题点

序号	问题点	危害
1	无谓走动多	作业效率低
2	无谓搬动多	
3	作业停顿多	
4	需弯腰、屈背、垫脚的作业多	作业效率低，工作强度大
5	转身角度过大	
6	困难作业多	
7	不规范作业多	容易造成品质不良及引起安全事故

⑦ 设备方面问题点，如表4-9所示。

表4-9　设备方面问题点

序号	问题点	危害
1	设备上有灰尘	影响形象，易造成设备故障
2	设备油漆脱落	
3	在设备上乱张贴	
4	无用设备未处理	占用空间，造成浪费
5	设备故障未修复	造成设备损坏，降低使用寿命
6	点检标准不明确	易造成设备不良
7	设备存在安全隐患	可能引起事故

三、仓库实施5S管理的意义

仓库实施5S管理的意义如图4-31所示。

5S管理能减少库存量，排除过剩生产

减少卡板、叉车等搬运工具的使用量

减少不必要的仓库、货架和设备

使寻找时间、等待时间、避让调整时间最短

减少取出、安装、盘点、搬运等无附加价值的活动

提高员工的素养，保证仓库的整洁和安全

图4-31　仓库实施5S管理的意义

四、仓库5S管理执行要领

1.仓库整理要领

（1）现场检查

对仓库作业现场进行全面检查，包括看得见和看不见的地方，如设备的内部、文件柜的顶部、货架底部等位置。

整理的主要活动如图4-32所示。

明确原则，大胆果断清除（或废弃）无用品

研究无用品的产生原因，并采取相应对策

防止污染源的发生

促使文件编排、存放系统高效化

图4-32　整理的主要活动

（2）区分必需品和非必需品

管理必需品和清除非必需品同样重要。首先要判断物品的重要性，然后根据其使用频率决定管理方法。对于必需品，一般放在工作台附近，便于寻找和使用；而对于非必需品，可以把它存放起来，并定期进行检查；对于有些过期的物品，则应迅速变卖或丢弃。

必需品和非必需品的辨别与处理方法如表4-10所示。

表4-10 根据使用频率确定物品处理方法

类别	使用频率		处理方法	备注
必需品	每个小时		放在工作台上或随身携带	
	每天		工作台附近存放	
	每周		工作现场存放	
非必需品	每月		存放起来	定期检查
	三个月			
	半年			
	一年		封存起来	
	两年			
	不确定	有用	储存起来	
		无用	变卖或丢弃	定期清理
	不能用		变卖或丢弃	立即进行

（3）清理非必需品

清理非必需品时，把握的原则是看物品现在有没有"使用价值"，而不是原来的"购买价值"；同时注意图4-33所示的几个要点。

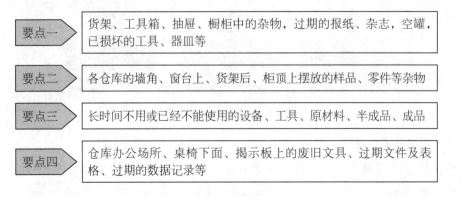

图4-33 清理非必需品注意要点

（4）非必需品的处理

对于非必需品的处理，一般有以下两种方法，如图4-34所示。

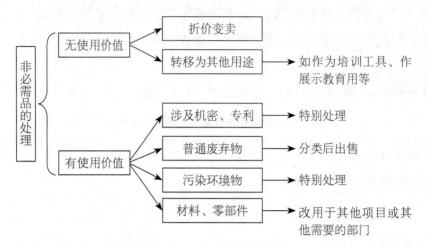

图4-34　非必需品处理方法

💡 **小提示**

为维持整理活动的成果，仓库主管可以建立一套非必需品废弃申请、判断、实施及后续管理的程序和机制。

（5）每天循环整理

整理是一个永无止境的过程。工作现场每天都在变化，昨天的必需品在今天可能是多余的，今天的需要与明天的需求必有所不同。整理贵在日日做、时时做。

2.仓库整顿要领

仓库整顿要掌握一定的要领，如图4-35所示。

图4-35　仓库整顿要领

（1）彻底地进行整理

整顿是整理的更进一步，因此在整顿前首先应进行彻底的整理。彻底的整理有四个要求，如图4-36所示。

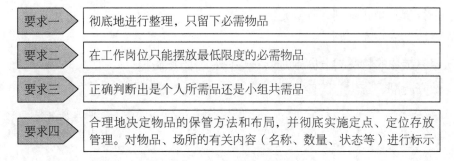

图4-36　彻底整理的要求

（2）确定放置场所

确定各种物品的放置场所，应从图4-37所示的几方面着手。

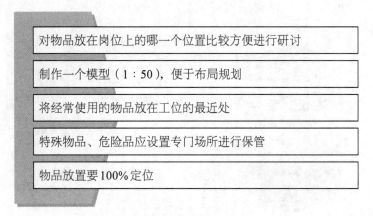

图4-37　确定放置场所的方法

（3）规定摆放方法

① 定量摆放。定量摆放有三个要求，如图4-38所示。

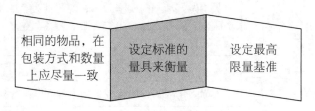

图4-38　定量摆放的要求

② 使用不同容器装载。各种物料、成品的规格不一，因此要用不同的容器装载。对同类物品的装载，容器大小应尽量相同，不然，大小不一的容器不仅显得不整齐，同时也浪费空间。此外，选择容器的规格时必须考虑搬动方便与否。

③ 尽量立体放置，充分利用空间。

④ 便于拿取和"先进先出"。

⑤ 平行、直角式陈列，在规定区域放置。

⑥ 堆放高度应有限制。

⑦ 容易损坏的物品要分隔或加防护垫保管，防止碰撞。

⑧ 做好防潮、防尘、防锈措施。

 小提示

> 仓库的整顿要做好"三定"，即定位、定量和定品种。

3. 仓库清扫要领

① 清扫活动或要点。清扫的主要活动或要点如图4-39所示。

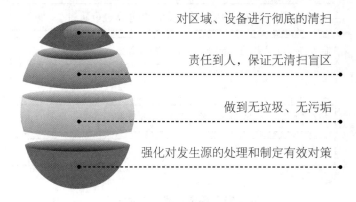

对区域、设备进行彻底的清扫

责任到人，保证无清扫盲区

做到无垃圾、无污垢

强化对发生源的处理和制定有效对策

图4-39 清扫活动或要点

② 清扫的准备工作。清扫前应做好如图4-40所示的准备工作。

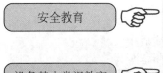

安全教育 —— 对员工做好清扫的安全教育，对可能发生的事故（触电、划伤碰伤、涤剂腐蚀、尘埃入眼、坠落砸伤、灼伤）和不安全因素进行警示和预防

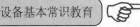

设备基本常识教育 —— 对设备为什么会老化、会出现故障，用什么样的方法可以减少人为劣化因素，如何减少损失等问题进行教育

了解机器设备 —— 通过学习设备的基本构造，了解其工作原理，并绘制设备简图；对设备出现尘垢、漏油、漏气、震动、异音等状况的原因进行解析，使员工对设备有一定的了解

技术准备 —— 制定相关指导书，明确清扫工具、清扫位置，以及加油润滑等操作的基本要求，螺钉卸除、紧固的方法及具体顺序步骤等

图4-40 清扫的准备工作

③ 清除垃圾、灰尘。仓库清扫时应扫除工作岗位上的一切垃圾、灰尘，具体要求如图4-41所示。

1	作业人员动手清扫而非由清洁工代替
2	清除长年堆积的灰尘、污垢，不留死角
3	将地板、墙壁、天花板，甚至灯罩的里边打扫干净

图4-41　清除垃圾、灰尘的要求

④ 清扫、点检机器设备。仓库清扫时应仔细清扫、点检机器设备，具体要求如图4-42所示。

要求一	设备本来是干干净净的，所以每天都要恢复设备原来的状态
要求二	不仅设备本身，连带其附属、辅助设备也要清扫（如分析仪、气管、水槽等）
要求三	对设备容易发生跑、冒、滴、漏的部位要重点检查确认
要求四	油管、气管、空气压缩机等不易发现或看不到的内部结构要特别留心注意
要求五	一边清扫，一边改善设备状况，即把设备的清扫与点检、保养、润滑结合起来

图4-42　清扫、点检机器设备的要求

⑤ 整修在清扫中发现的有问题的地方。仓库清扫结束后，要及时整修在清扫中发现的有问题的地方，具体要求如图4-43所示。

要求一	若地面凹凸不平，搬运车辆走在上面会让产品摇晃碰撞，导致质量问题发生，连员工也容易摔倒。对于这样的地面要及时整修
要求二	对松动的螺栓要马上加以紧固，补上缺失的螺丝、螺母等配件
要求三	对需要防锈保护或需要润滑的部位，要按照规定及时加油保养
要求四	更换老化或破损的水管、气管、油管
要求五	清理堵塞的管道

图4-43

要求六	调查设备设施跑、滴、冒、漏的原因，并及时加以处理
要求七	更换或维修难以读数的仪表装置
要求八	添置必要的安全防护装置（如防压鞋、绝缘手套等）
要求九	要及时更换绝缘层已老化或被老鼠咬坏的导线

图4-43　整修的要求

⑥ 查明污垢的发生源（主要是跑、滴、冒、漏），从根本上解决问题。否则，即使每天进行清扫，油渍、灰尘和碎屑还是四处遍布，因此须查明污垢的发生源，从根本上解决问题。制定污垢发生源的明细清单，按计划逐步改善，从根本上灭绝污垢。

⑦ 实行区域责任制。对于清扫，应该进行区域划分，实行区域责任制，并落实到人。不可存在无人管理的死角。

⑧ 制定相关清扫基准。制定相关清扫基准，明确清扫对象、方法、重点、周期、使用工具、责任人等内容，从而保证清扫质量，促进清扫工作的标准化。

4.仓库清洁要领

清洁就是对清扫后状态的保持，将前3S（整理、整顿、清扫）实施的做法制度化、规范化，并贯彻执行以维持效果。

（1）对人员进行教育

必须对仓库员工进行必要的5S基本思想的教育和宣传，要让大家明白5S活动只有靠所有人员的持续推进，才能达到更好的效果。

① 制定清洁手册。清洁手册要明确的内容如图4-44所示。

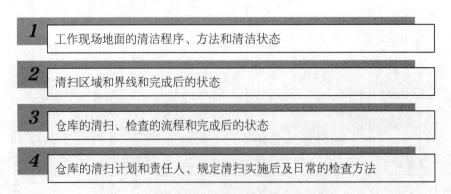

1	工作现场地面的清洁程序、方法和清洁状态
2	清扫区域和界线和完成后的状态
3	仓库的清扫、检查的流程和完成后的状态
4	仓库的清扫计划和责任人、规定清扫实施后及日常的检查方法

图4-44　清洁手册要明确的内容

② 宣传5S。多应用早（晚）会，巡查，贴宣传画、标语，举行清洁活动周等手段，大力宣传、营造声势。

（2）持续做好整理

想要持续做好整理，必须做到图4-45所示的三项内容。

内容一　整理、区分工作区的必需品和非必需品

> 对仓管员进行必要的教育后，就应该带领仓管员到现场，将当前所有的物品整理一遍，并调查它们的使用周期，将这些物品记录起来。再区分必需品和非必需品

内容二　向作业者进行确认、说明

> 在区分必需品和非必需品时，应先向作业者询问，确认清楚，并说明一些相关的事情

内容三　撤走各岗位的非必需品

> 应该将非必需品从岗位上撤走，而且要迅速地撤下来，决不能以"等明天再撤"的心态对待

图4-45　持续做好整理

（3）持续做好整顿

持续做好整顿的要领如图4-46所示。

规定必需品的摆放位置

现场的必需品该怎样摆放？是否阻碍交通？是否阻碍作业者操作拿取？必须根据实际条件、作业者的作业习惯、作业的要求，合理地规定摆放必需品的位置

规定摆放方法

摆放位置确定后，必须要确认一下摆放的高度、宽度以及数量，以便管理；并将这些规定形成文件，便于日后改善、整体推进和总结

进行标示

标示规定的位置、规定的高度、规定的宽度和数量

对作业者进行说明

将规定下来的放置方法和识别方法向作业者说明，将工作从推进人员的手中移交到作业者手中

图4-46　持续做好整顿的要领

（4）持续做好清扫

必须划分责任区和明确责任人。只有规定了责任范围和责任人，清扫工作才能贯彻下去。

（5）定期检查前3S的状况

清洁是通过检查前3S实施的彻底程度来判断其水平和程度的，一般需要制定相应的检查表来进行具体检查。

① 检查的标准。检查的标准包含图4-47所示的三个要素。

图4-47 检查的标准

② 检查的重点。在开始时，要对"清洁度"进行检查，制定出详细的明细检查表，以明确"清洁的状态"。检查的重点如图4-48所示。

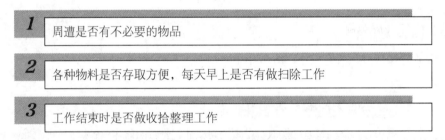

图4-48 检查的重点

③ 实施检查

在具体实施对前3S的检查时，要按表4-11所示的要求进行。

表4-11 对前3S的检查要求

检查事项	要求	实施要点
整理	检查有哪些不要的物品	（1）在3S之后，应在身边周围检查是否有不要的东西并做好相关记录，记录可运用表格形式 （2）废弃物品处理的规则是： ① 库存是企业的资产，个人不能任意处分 ② 编制废弃库存品一览表 ③ 废弃物品的品种、规格、数量一定要全数显示 ④ 与财务负责人协商后处理

续表

检查事项	要求	实施要点
整顿	检查物品的放置方法	（1）检查物品的放置方法，并列表以便做好检查记录 （2）列出整顿鉴定表，对自己的工作场所做再次检查
清扫	消除灰尘、垃圾	检查仓库的各个区域是否清扫干净，并填写相关表格

6.培养仓库人员素养的要领

素养就是通过整理、整顿、清扫、清洁等合理化的改善活动，使仓库人员养成遵守标准和规定的习惯，进而促成全面管理水平的提升。

① 推动前4S活动。前4S是基本动作，也是手段，主要借这些基本动作或手段来使员工在无形中养成一种保持整洁的习惯。

通过前4S活动，使仓库人员达到工作的最基本要求——素养。所以5S可以理解为：通过做到整理、整顿、清扫、清洁，达到最终意义上的"素养"。

② 制定相关的规章制度。制定相应的操作规范、行为礼仪及员工守则等，能够保证员工达到最低限度的素养要求。

下面是一份××公司仓库5S管理规范的范本，仅供参考。

××公司仓库5S管理规范

1　目的

对仓储的工作现场进行整理、整顿，使生产设施处于清洁、整齐、有序的状态，并持续不断地改进工作环境条件，以提高员工的工作积极性和工作效率，为确保项目质量创造条件。

2　范围

凡与本项目有关的办公场所、库房区域等均适用。

3　定义

3.1　工作环境：指对仓储质量有影响的条件。包括作业人员的态度、举止、能力，仓库环境、库区与库房维护、灯光照明、噪声、通风、电器装置的控制，以及与仓储维护有关的安全事项。

3.2 5S指的是：整理、整顿、清扫、清洁、素养。

3.2.1 整理：将办公场所和工作现场中的物品、设备清楚地区分为必需品和非必需品，对必需品进行妥善保管，对非必需品则进行处理或报废。

3.2.2 整顿：将必需品按规定的定位、定量等方式摆放整齐，并予以明确标识，使寻找必需品的时间趋近于零。

3.2.3 清扫：将办公场所和作业现场的工作环境打扫干净，使其保持在无垃圾、无灰尘、无脏污、干净整洁的状态，并防止污染的发生。

3.2.4 清洁：将整理、整顿、清扫过程实施的做法进行到底，维持其成果，并对其实施做法予以标准化、制度化。

3.2.5 素养：以"人性"为出发点，通过整理、整顿、清扫、清洁等合理化的改善活动，培养上下一体的共同管理语言，使全体人员养成守标准、守规定的良好习惯，进而促进全面管理水平的提升。

4 职责

4.1 各部门、班组负责包括作业现场、办公区域等工作环境的维持和管理。

4.2 质量安全小组负责对作业现场、办公区域等工作环境的检查和监督。

5 仓库现场5S管理

5.1 现场管理原则：作业现场的一切物品都有区（位），一切区域都有标识，一切设施的用途和状态都明确，一切不安全因素都要排除，达到5S管理的要求。

5.2 现场5S管理责任区划分、责任卡制作要求

5.2.1 责任区域划分目的：提高工作效率，做到人人有事做，事事有人管，区域清晰，责任明确。

5.2.2 责任区域划分原则

① 方便、就近原则——如某员工一天大部分时间在哪个区域工作，哪个区域就应该划分给他，这样不但方便他日常进行5S活动，也不影响他正常的工作。

② 明确、清晰原则——必须责任明确，区域划分清晰。

③ 无遗漏原则——"事事有人管"。

④ 避免形式主义原则——对划定的责任区，要做到有人监督，并制定相应的考核、奖罚制度

5.2.3　责任卡制作

①　按各自管辖区域，以班组为单位，将每个地方、每件物品（或一些物品）、每件事进行责任分工，分工要细化到人头。

②　责任卡：表4-12为例（具体责任卡制定由各部门或班组进行）。

表4-12　5S工作区域责任卡

5S工作区域责任卡			
责任区域		区域负责人	
责任项目	实施人	要求	
区域卫生		工作台、地面干净、整洁	
工具、工装存放		将工具、工装按照要求存放	
设备存放		设备使用后存放在指定位置并清洁	
……	……	……	

5.3　作业现场的环境要求

5.3.1　无"死角"或凌乱不堪的地方。

5.3.2　内地面要保持洁净、无尘、无杂物，不允许有积水，不允许有散落杂物或物料。地面区域线清晰无剥落，两侧物品不压线。

5.3.3　内墙壁、门窗上不允许出现电线、残缺的宣传标语等废弃物，要保持洁净无尘；窗台上无杂物；墙壁无蜘蛛网。

5.3.4　凡是经主管部门认定为废弃无用物品的要进行彻底清除，不得残留占据空间、场地，影响观瞻；凡正常使用的设施要保持清洁、干净，损坏的设施要及时修补，要明确责任人、监督人。

5.4　作业现场的定置要求

5.4.1　定置图只需标出其主体部分，不用标出库房内部生产班组的具体位置。

5.4.2　库房定置图反映的内容应包括收货区、暂存区、发货区、货架区域、设备、通道、工具箱、更衣室、垃圾箱、工装架、固定工位使用的器具或用具、消防器材、电器、电源开关等，并能够反映出办公区域位置，标出名称。

5.4.3　所有物料应有状态特性卡片，并按规定定置在指定货架位置。

5.4.4　定置图的指示方向可为上北、下南、左西、右东。

5.4.5 库房定置图采用计算机彩色制版，以展板形式固定在墙上。

5.4.6 现场内可移动物品全部按规定区域摆放，并画线定置，包含范围：叉车、拉车、铲车、垃圾篓、工作台、材料架、标志牌等。

5.4.7 经常移动的物品，应有文字说明的标志，标志要朝向使用者易于观察的方向，并放置在托板上便于移动。

5.5 作业现场各种区域线颜色管理和定置标识方法

5.5.1 区域线标识采用彩色油漆。区域线线宽40～50毫米，宽度应尽量统一。

5.5.2 白色——用于作业现场收货区、暂存区、发货区、工具箱、台、架、桌椅、推车等的地面标识。

5.5.3 黄色——用于作业现场放置的待处理品和与生产关系不紧密的物品的地面标识。如清扫工具、临时存放的包装物品等。

5.5.4 红色——用于作业现场放置的防火器材的地面标识。

5.5.5 黑色——用于工作现场废品箱和垃圾箱的地面标识。

5.5.6 定置标识方法：按物品状态，在定置区域明显部位，喷涂同区域颜色对应的实体方框，喷字颜色为白色，字体为黑体，方框大小可视字数多少各库房内部统一。

5.5.7 货架颜色标识的管理规定：货架颜色要按产品状态配置。

5.6 标识与看板

5.6.1 仓库进出区域、办公区域、作业区域、货架应有明显的警示、指示标识。

5.6.2 办公区域以及作业区域应设立相关的看板。

5.7 员工行为规范

5.7.1 工作前

（1）所有人员必须按时出勤，依规定穿戴好工作衣帽及劳保防护用品，佩戴工作证。女员工发辫盘在帽内，不准穿高跟鞋和裙子。男工不准赤膊和穿拖鞋。保持衣着整齐、仪表端庄。

（2）环视检查整个现场，将通道区内摆放的任何物品及时清理，保持通道畅通。

（3）检查设备、工具、文件单证是否摆放整齐，有无故障，有无灰尘。将所有物料、工具按指定的地方摆放，使物料、工具摆放井然有序，整个现场宽敞、明亮、整洁无比，创造一个良好的工作环境。

5.7.2 工作中

（1）按作业规范进行各项操作，不能有串岗、换岗的现象。禁止违章作业，避免造成人身伤害。

（2）在工作岗位上不大声谈笑和唱歌，不吃零食，不得用手机聊天；禁止在生产现场与他人争执，打架斗殴。

（3）不擅自离岗，有事先请假，经同意后方可离岗。

（4）禁止酒后上班，上班时禁止做与工作无关的事情。禁止偷盗公司或他人任何财物。

5.7.3 下班前

（1）应对整个现场进行检查，从地板到墙面，再到所有物料、工具，看是否干净、整洁，对不符合规定的地方及时纠正。保持整个现场整整齐齐、井井有条，每个角落都整洁无比，为下一个班次或次日的工作创造一个舒适的工作环境。

（2）关闭门窗、各种电源。

（3）下班出仓库，做到有纪律、有秩序。

③ 做好教育培训。培训可分岗前培训和在岗培训。

a.岗前培训。岗前培训就是上岗之前的培训，主要针对仓库新进人员进行培训。培训的内容如图4-49所示。

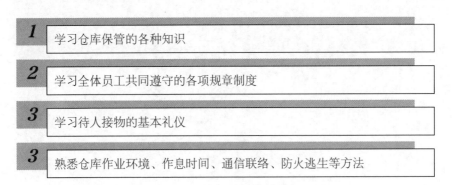

图4-49　岗前培训的内容

b.在岗培训。在岗培训是指为了提高仓库人员的工作技能，在其完成工作的同时，进行的各种有针对性的培训活动。常见的在岗培训有图4-50所示的内容。

图4-50　在岗培训的内容

第五章

出库管理

物料出库是仓储业务的最后阶段。它标志着物料存储阶段已经结束，进入了物料的发放阶段。把物料及时、迅速、准确地发放到使用部门，是仓储工作为生产服务的主要体现。因此，仓库主管应努力做好物料的出库管理工作。

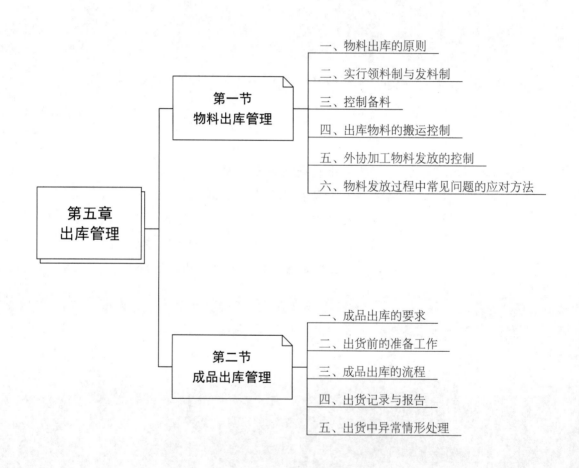

第五章
出库管理

第一节
物料出库管理

一、物料出库的原则

二、实行领料制与发料制

三、控制备料

四、出库物料的搬运控制

五、外协加工物料发放的控制

六、物料发放过程中常见问题的应对方法

第二节
成品出库管理

一、成品出库的要求

二、出货前的准备工作

三、成品出库的流程

四、出货记录与报告

五、出货中异常情形处理

第一节　物料出库管理

做好物料的出库管理，能够确保库存准确性，提高仓储运作效率，防止物料的浪费和滥用。

一、物料出库的原则

发料是物料移交的过程，这一过程应防止发料失误，以及物料移交过程中的划伤磕碰、液体溅出、危险品事故等。仓管员通过遵循发放原则，以做好物料的控制。仓库发料的原则如图5-1所示。

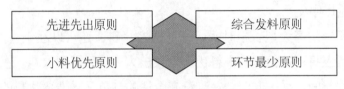

图5-1　仓库发料原则

1.先进先出原则

先进先出原则是为了防止物料因存放时间过长而变质、损坏，以确保物料质量和利用率。

许多物料在常温下都有一定的保质期限，过了保质期会变质，甚至完全不能使用，如金属物料存放的时间太长会氧化，木材、人造板会因潮湿而损坏。

实现物料先进先出的做法一般有表5-1所示的几种。

表5-1　实现物料先进先出的做法

序号	做法	具体说明
1	双区法	同种物料分别存放于两个区，A区和B区，先入库的物料存放于A区，后入库的放于B区。发料时，先发A区物料，发完后再发B区物料，依次反复循环。这样就确保了物料按入库顺序发放
2	移区法	移区法比双区法节省仓储空间，它将某一种物料全部放到同一存储区内，摆放的顺序按照入库的顺序由一端向另一端推移，这样物料入库的先后顺序就很清楚，发料时就可以先发早入库的。这种做法的不足是每次发料完毕，都要进行物料的移动，增加了工作量

续表

序号	做法	具体说明
3	编号法	编号法是将每一批入库的物料进行编号，编号按自然数顺次进行，不管物料摆放在哪里，每次都按最小的序号进行发料，这样就可以保证先进先出。使用这种方法时，物料应分层放置或平放，不能使后入库的物料压在先入库的物料上

先进先出是对同类、同规格物料而言，不同规格的物料不适用这一原则。比如木材，先入库的是50毫米厚的，要发放的物料是40毫米厚的，尽管是同种、同等级，但规格不同，如果按先入先出原则把先入库的50毫米厚的木板发放出去，会在加工中造成很大的浪费。

2.小料优先原则

产品生产时裁下的边角余料（在皮具业、家具业、制衣业很常见），有些还可以在其他产品的生产中使用。

比如家具厂，生产大型衣柜时裁下来的边角余料，还可以在小型的妆凳上使用。仓库在发料时，应将可以使用的小料优先发放出去，然后再发大料。小料不宜长期储存，一方面占用空间，另一方面，一旦没有合适的订单又会造成物料的长期搁置，甚至浪费。

3.综合发料原则

综合发料便于用料部门进行物料的综合利用，提高物料的利用率。综合发料的情况有图5-2所示的几种。

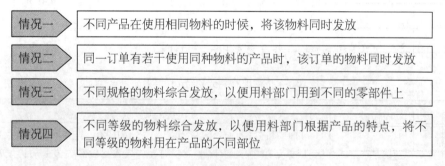

情况一	不同产品在使用相同物料的时候，将该物料同时发放
情况二	同一订单有若干使用同种物料的产品时，该订单的物料同时发放
情况三	不同规格的物料综合发放，以便用料部门用到不同的零部件上
情况四	不同等级的物料综合发放，以便用料部门根据产品的特点，将不同等级的物料用在产品的不同部位

图5-2　综合发料的几种情况

4.环节最少原则

物料发放的环节越多，就越容易造成物料的损坏和缺失，因此，应将发放环节降到最少，如图5-3所示。

图5-3　环节最少原则的内容

二、实行领料制与发料制

1.领料制

领料是指制造部门现场人员在某项产品制造之前填写"领料单"向仓库单位领取物料的过程。

🔍 **【实战工具22】**▶▶ -

领料单

___年___月___日　　　　　　　　　　　　　　　　　　　　　No.

制单号	料号	品名	规格	数量	实发数量	备注
主管		发料人			领料人	

第一联：会计　　　第二联：仓库　　　第三联：生产部　　　第四联：领料部门

- -

物料控制必须从领料开始抓起。企业应根据自己的生产情况确定领料方式，领料注意事项如图5-4所示。

事项一	确定各车间各部门领料专人。领料一般由各班组或车间的专门人员（即领料员）负责
事项二	规定合适的领料时间。领料员根据生产的实际进度，提前12小时或1～2天，将物料领回并分发到各用料工序的员工手上
事项三	配置相应的领料工具。对于较大数量的领料，应配有杂工和必要的铲车、叉车、箱子等工具，以便于物料运输而不致损坏
事项四	明确"领料单"的填写格式和方法。领料应逐个订单进行，并按照订单的物料计划来填写"领料单"
事项五	明确物料领用的审批权限和办法。车间的负责人在进行"领料单"审批时要认真负责，检查需要填写的项目是否全部都按要求填写
事项六	确定合适的物料日领用限额及批量限额。领料时间要把握好，过早领料会造成车间"物料暂存区"的物料堆积，过迟领料又影响物料的使用
事项七	认真对物料进行检验，凡破损的物料一律拒收
事项八	要认真点数，防止少领、错领
事项九	已经领到车间的物料，要有专门的地方放置及专门人员保管，特别是贵重物料以及体积较小的物料，一旦保管不当就容易造成丢失

图5-4　领料注意事项

2.发料制

发料是指仓库将各种生产所需的物料，按规定数量分配给各用料部门。发料是仓库的日常工作之一，也是进行物料控制的重要环节。

① 确定哪些情况可发料，哪些应拒绝发料。拒绝发料的情况如图5-5所示。

情况一	不是规定的领料人来领料的
情况二	没有"生产计划单"的
情况三	生产还未进行，过早领料（囤料）的
情况四	应该领用差一级质量的物料，却执意要领较好物料的

情况五	"领料单"填写不清、不全、不规范的
情况六	"领料单"没有按有关规定交主管领导审批的
情况七	超计划领料的

图5-5 拒绝发料的情况

② 建立专人发料制度。专人发料有两个含义：一个是发料要"账物分开"，管账的人不管物，管物的人不管账，以"堵塞漏洞"；另一个含义是不同的物料由不同的人负责。

💡 **小提示**

　　企业的物料很多，要每个人都去熟悉所有物料是难以做到的，也是没有必要的。对仓管员进行合理分工，每个人负责几种或几类物料，有利于更好地进行物料监控。

③ 认真审查"发料单"。填写规范的"发料单"，不仅是发料的依据，还是进行物料控制的依据，是进行发料统计以及订单、产品的物料消耗统计的最原始凭证。填写"发料单"时要注明所有物料的用途、订单编号等，领料的数量是否在控制指标之内要一目了然。

🔍 **【实战工具23】** ▶▶▶ -

发料单

制造单号：　　　　　　　　产品名称：　　　　　　　　编号：
生产批量：　　　　　　　　生产车间：　　　　　　　　日期：

物料编号	品名	规格	单位	单机用量	需求数量	标准损耗	实发数量	备注

生产领料员：　　　　　　　　仓管员：　　　　　　　　PMC：

- -

仓管员要认真审查"发料单"，不符合要求或不符合程序的不予发料。仓管员接收到"发料单"后，首先与BOM（Bill of Material，物料清单）进行核对，有误时应及时通知物控开单人员，直至确认无误后将"发料单"交给物料员发料。

④ 要认真点数，防止错发多发。物料发放最好是两个人一组进行，这样可以互相监督，防止出现差错。

⑤ 要在"物料管制卡"上记录。物料员点装好物料后，及时在"物料管制卡"上做好相应记录，并检查"物料管制卡"的记录正确与否，最后在"物料管制卡"上签上自己的名字。

⑥ 做好物料交接。仓管员将物料送往生产备料区与领料员办理交接手续，确认无误后在"发料单"签上各自的名字，并取回相应联单。

⑦ 认真及时填写仓库账簿。仓管员按"发料单"上的实发数量及时填写仓库账簿。仓库账簿是进行物料存储控制的基本依据，不能有任何的差错，在发料之后要认真登记，物料标签上也同样要进行登记。

⑧ 做好表单的保存与分发。仓管员将当天有关的单据分类整理好存档或分送到相关部门。

三、控制备料

1.备料管理的目的

备料管理的最主要目的是供应生产所需。不论MRP（物料需求计划）如何会规划，库存策略如何高明，只要供料不及时而导致生产现场停工待料，损失工时影响生产，就是未能尽责的表现。

当然，有些停工待料的情况，并不是仓管员工作不当所致。

比如紧急插单，根本就来不及购料；或者排程提前，以致供应厂商来不及送料；当然也可能是采购（外协加工）责任人员的疏忽，管理不良，以致到进料的日期物料仍然未送来。

 小提示

作为仓库主管，应以现有库存为基础，核查投产的可行性，找出可能的异常情况，及早警示并筹谋对策措施。要好好服务生产现场，使生产准备更为顺利有效率，同时，要趁此时机控制用料成本，替企业做最后的把关。

2.备料管理的目的

仓库为什么要做好备料管理呢？主要有图5-6所示的四个目的。

目的一 ▷ **复核近期排程所需用料，确定排程可行度，或提示警告信息**

生产现场最怕乱，因此，必须事先有排程去规范。排程又分为主排程与细排程。前者是MRP展开的基准，后者则为投产的依据

目的二 ▷ **"制造命令单"发布的附带保证**

一般工厂运用"制造命令单"对各大制程下达作业指令。"制造命令单"大多在投产前几日（或一日）才正式发布给生产现场，一旦发布，就不会撤回，因为这是正式指令。如果"制造命令单"经常发布又经常撤回，则很容易造成生产现场混乱

目的三 ▷ **事先备料的基础**

投产前的准备必须尽可能周全，使生产更为顺利，借以减少工时损失，提升整体生产力。投产前的准备事项，包括作业标准（包括蓝图）、模具、夹导具，必要时还包括机台制程能力复查、制程中与质管有关的检验标准与自主检查用的量具，当然，也包括所需要的物料

目的四 ▷ **严密及时地控制用料成本**

根据用料定额去备料、发料，不会因迁就生产现场的"方便"而变得"随便"。如果生产现场因为各种原因而不得不补领料，则需另行制定补领料的程序，借以明确责任，区分原因

图5-6 备料管理的目的

3.备料管理的程序

根据以上目的，可以设定如图5-7所示的作业程序。

（1）缺料分析

在工厂里，生产部会制订最近的细部进度排程，也就是生产进度预定表，针对一个生产组织或生产线（当然仅指一个大制程），确定次周或第三周（也可能是次日）的作业指令，要求现场按指令执行，以达到完成主生产排程的目的。

生产部一旦制订出这个细排程，就要求依照产品的BOM去复核该排程所需的各批物料总用量，再复核仓库中的现有库存量。如果没有缺料，就确立"生产进度预定表"；如果有缺料情形，就立即发出警示信息，并寻找对策措施。

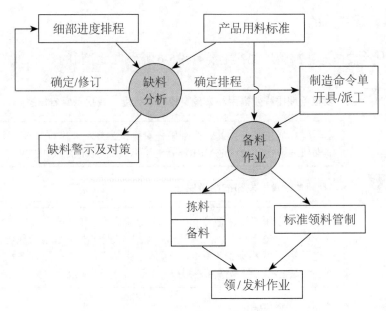

图5-7　备料管理作业程序

（2）备料作业

一般的作业程序，是在"生产进度预定表"确立之后，就要由生产部开具"制造命令单"，确定某生产批产品（或产品下属的零件）的生产批量，必要时还包括投产时间指令，并交代现场主管挂在派工板上，作为派工的依据。

生产部还要同时依用料标准开立备料指令，要求仓储人员事先拣料，依"制造命令单"确定用料项目与数量，准备好后放置在备料区内，待现场人员来领用。

🔍【实战工具24】▶▶▶ --

备料指令单

编号：

制程部门： 生产批号： 产品（零件）号：		大制程代号： 指令号码： 单位：			指令日期： 应投产日期： 排程量：		
用料料别	料号	品名	规格	单位	单位用量	应备料量	备注
核准				生产部			

（3）标准领料管制

标准领料即依据物料清单去备料、发料，而不是没有限制地由生产现场人员来领料。

领料作业一定要有"领料单"作为正式凭证。为了标准化管理，并且达到成本控制的目的，一定要由生产部门作为主控单位，依生产批的"制造命令单"去开立"领料单"（又称为"定额领料单"），以区别于此后因制程问题或其他问题而产生的超损耗等性质的"补领料单"。一旦开立"定额领料单"，就立即改变了"制造命令单"的管制状态。

这个"定额领料单"，交给生产现场主管，由他们持单向仓库领料。当然，如果是采取发料制的工厂，则是仓库连同表单与物料一起送交生产现场，给现场人员签收。

4.备料指令与备料作业

备料工作是仓储人员天经地义的职责，无论是发料制还是领料制，仓库都要事先备好各生产批现场需投产的用料，迅速交予现场制程，以提升其生产力。

5.备料时机

最适宜的备料时机如图5-8所示。

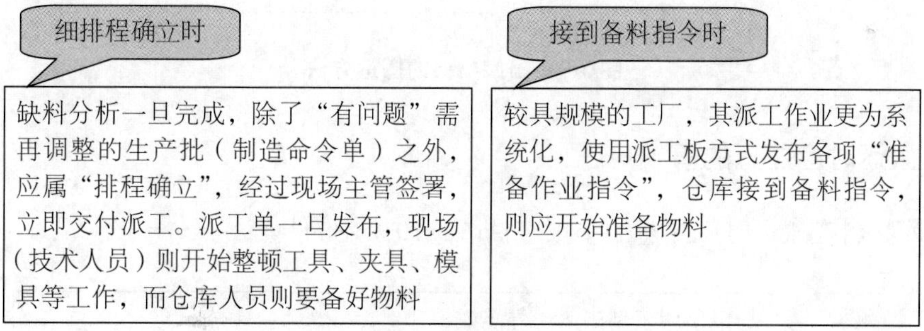

细排程确立时 | 接到备料指令时

缺料分析一旦完成，除了"有问题"需再调整的生产批（制造命令单）之外，应属"排程确立"，经过现场主管签署，立即交付派工。派工单一旦发布，现场（技术人员）则开始整顿工具、夹具、模具等工作，而仓库人员则要备好物料 | 较具规模的工厂，其派工作业更为系统化，使用派工板方式发布各项"准备作业指令"，仓库接到备料指令，则应开始准备物料

图5-8 备料时机

6.备料作业要求

拣料作业与生产现场的制程质量关系很密切，因此，也要具备品质意识，区分不良料，不可使之流入现场。即使不得已用到不良料或特准品，也要附上标签等标志，提醒现场用料时注意。

拣料后就直接供应生产所需，因此一定要具备生产管理意识，依生产批及"制造命令单"有系统地存放物料，必要时以批次确定仓储放置，使发料迅速有效率，而且不会混乱。

小提示

要具备成本意识，按照先进先出原则，先拣取容易"变质"的物料，以便及早用完，或先取用早入库的物料，及早使用，以免变质。

四、出库物料的搬运控制

1.出库物料的搬运方法

出库物料的搬运方法大致可分为图5-9所示的三种。

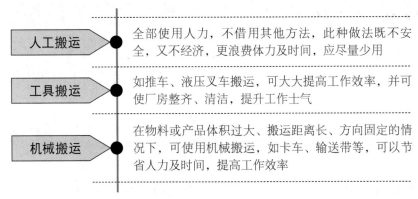

图5-9　出库物料的搬运方法

2.搬运时应注意的事项

出库物料在搬运时应注意的事项包括图5-10所示的几点。

事项一	尽量使用工具搬运，提高效率
事项二	尽量减少搬运次数，减少搬运时间
事项三	尽量缩短搬运距离，节省人力
事项四	通道不可有障碍物阻碍运输
事项五	应注意人身及产品安全
事项六	物料、半成品、成品、不良品等应有明确的产品及路径标志，不可因搬运混乱而造成生产混乱

图5-10　搬运时应注意的事项

3.出库物料的搬运要求

在搬运出库物料时，应采取防止损坏物料或使物料变质的搬运方法和手段。可通过编制搬运作业指导书加以有效控制和监督，出库物料的搬运应确保达到图5-11所示的要求。

要求一	在工序间运送或搬运时，对物料易磕碰的关键部位提供适当的保护（如保护套、防护罩等）
要求二	使用与物料特点相适应的容器和运输工具（如托盘、货架、板条箱、集装箱、叉车、载重汽车等），加强对容器和运输工具的维护保养
要求三	对精密、特殊的物料还要防止其受到震动和温度、湿度等环境因素的影响
要求四	物料搬运过程中需通过有环境污染的地区时，搬运时应进行适当的防护
要求五	易燃、易爆等或对人身安全有影响的物料，搬运时应有严格的控制程序
要求六	对有防震、防压等特殊要求的物料，搬运时要采取专门的防护措施并附上醒目的识别标记，注意保护有关的标志，防止丢失或被擦掉
要求七	保证正确无误地送到指定的加工、检验点或仓库
要求八	对搬运人员进行培训，使其掌握必要的作业规程和要求

图5-11　出库物料的搬运要求

五、外协加工物料发放的控制

外协加工与采购作业最大的不同点，就是企业要供料给外协加工厂。这就涉及用料管理的问题，尤其当己方将物料以原料形态交给对方，经过对方的加工，已变成半成品（也可能变成直接投入生产现场的在制品）的形态时，这又涉及双方的权利与义务及责任关系，比单纯的采购作业复杂得多。

1.定额发料管制

外协加工的发料作业，基本上与内部生产制造部门的领发料完全一样，主要是由生产部门提出，依照"制造命令单"上的生产批量、产品与制程，找到产品用料清单，计算其标准用料量，依此正式开立"外协加工定额领料单"。

【实战工具25】▶▶ ---

外协加工定额领料单

编号：

厂商代号：				厂商全名：						
发料日期：				外协加工订单号：						
生产批号：				（半成品／零件）料号：						
外协加工批量：										
序号	料别	料号	品名	规格	单位	标准用量	应用总量	实领料量	备注
说明：									
厂商 签收		核准		仓库	主管 发料		生产部门		主管 填表

有定额用料量，就可能会有超耗领用量。为严格控制发料，在这种情况下，应该由外协加工厂商通过生产部以人工作业方式开立"外协加工补料单"，再向仓库要求发料，而且其核准权限也要提高层次。

2.外协加工发料的时机

最好是在开立正式的"外协加工定制单"时，就计算其用料需求量，即时开立"外协加工定额领料单"，与所备料品（实物）一并交予外协加工厂商。最理想的状况是，由外协加工厂到我方仓库，双方同时清点所备料品。

六、物料发放过程中常见问题的应对方法

仓库在发放物料的过程中，经常会发生如表5-2所示的问题，仓管人员应分别对应处理。

表5-2　物料发放过程中常见问题应对

序号	常见问题	应对方法
1	无单领料	无单领料是指没有正式领料凭证而要求领料，如以"白条"和电话领料，遇到这种情况，仓管员不能发料
2	凭证有误	发料前验单时，若发现领料凭证有问题，如抬头、印鉴不符，有涂改痕迹，超过了领料有效期，应立即与需用部门联系，并向上级主管反映。备料后复核时发现凭证有问题，仓管员应立即停止发料作业。总之，手续不符，仓管员有权拒绝发料
3	单料不符	发料之前验单时，若发现领料凭证所列物料与仓库储存的物料不符，一般应将凭证退回开单部门，经更正确认后，再行发料。遇到特殊情况，如某种物料马上要断料，需用部门要求先行发货，然后再更改领料凭证时，经上级主管批准后，可以发料，但应将情况详细记录，并在事后及时补办更正手续。若备料后复核时发现所发物料与领料凭证所列不符，应立即调换
4	包装损坏	对物料外包装有破损、脱钉、松绳的，应整修加固，以保证其在搬运途中的安全。发现包装内的物料有霉烂、变质等质量问题或数量短缺时，不得以次充好或以盈余补短缺
5	料未发完	物料发放，原则上是按领料单当天一次发完，如确有困难，不能当日提取完毕，应办理分批提取手续
6	料已错发	如果发现料已错发，首先应将情况尽快通知需用部门，同时报告上级主管；然后了解物料已发到什么环节或地方，能及时追回的应及时追回，无法追回的应在需用部门的帮助下，采取措施，尽量挽回损失；最后查明原因，防止日后再出现类似情况

【实战工具26】▶▶▶ ----------------------------------

物料收发日报表

仓库名称：　　　　　　　　　　　　　　　　统计日期：

品名	前日进货累计	本日进货	进货累计	未进货量	前日出货累计	本日出货	出货累计	库存	退货		备注
									本日	累计	

审核：　　　　　　　　　　　　　　　　填表：

第二节　成品出库管理

成品出库是仓库储存业务的最后一个环节，与物料发放不同，它多属企业对外的活动，是仓库根据业务部门开出的成品出库凭证，按所列项目组织成品出库的一系列工作的总称。

一、成品出库的要求

从成品仓发出到客户手中的成品必须是经过OQC（Outgoing Quality Control，意为出货品质稽核、出货品质检验或出货品质管制）检验合格的库存良品，发出时要做到如图5-12所示的要求。

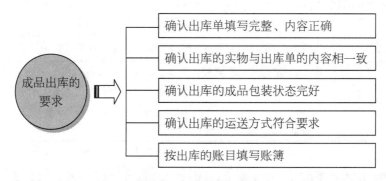

图5-12　成品出库的要求

二、出货前的准备工作

出货前的准备工作如表5-3所示。

表5-3　出货前的准备工作

序号	准备事项	具体说明
1	包装整理	有些成品经多次装卸、堆码、翻仓和拆检后，部分包装可能受损，不符合运输要求，仓管员须视具体情况事先进行整理、加固或改换包装
2	组配、分装	根据客户需求，有些成品需要拆零后出库，仓管员应事先做好准备，配备足够的零散成品，以免因临时拆装而延误发货时间；有些成品则需要进行拼装，应做好挑选、分类、整理和配套等准备工作

续表

序号	准备事项	具体说明
3	用品准备	对于拆装、拼箱或改装的成品，仓管员在发货前应根据成品性质和运输部门的要求，准备各种包装材料及相应的衬垫物，以及刷写包装标志的用具、标签、钉箱等相关工具
4	设备调配	当成品出库时，应留出充分的理货场地，并准备装卸搬运设备，以便运输人员提货发运或装箱送箱，及时装载货物，加快发送速度
5	人员组织	发货作业是一项涉及人员多、处理时间紧、工作量大的工作，进行合理的人员组织和机械协调安排是完成发货的必要保证

三、成品出库的流程

成品出库工作流程如下。

1.接单后的准备

在通常情况下，仓库调度员在成品出库的前一天，接到从外运公司或其他方面送来的提货单后，应按去向、运输方式等，分理和复审提货单，及时正确地编制好有关班组的出库任务单、配车吨位单、机械设备单以及提货单等，分别送给仓管员、收发员或理货员等，以便做好出库准备工作。当仓管员从调度员手中接到出库通知后，应做好如图5-13所示的工作。

1 在进出库业务通知牌上写明次日出库成品的品名、规格、数量以及货位货号、发往地点等，以利于工班的及时配合

2 按提货单所写的入库凭证号码，核对好储存凭证（即仓管员的账），根据储存凭证上所列的货位、货号寻找到该批成品的货垛，将提货单与储存凭证、成品进行核对，确认无误后，做好出库标记，以确保单、货相符

3 在有理货条件的情况下，可先将出库成品按产品去向，运到理货场地并理好货，以便运输车辆一到即能进行装车作业

图5-13　仓管员接单后的准备工作

2.初核

审核成品出库凭证，主要审核图5-14所示的几项内容。

内容一	填写的项目是否齐全，有无印鉴
内容二	所列提货单位名称、成品名称、规格、重量、数量、唛头、合约符号等是否正确
内容三	单上填写字迹是否清楚，有无涂改痕迹
内容四	单据是否超过了规定的提货有效日期

图5-14 初核的内容

小提示

如发现问题，应立即联系或退还业务部门更正，不允许含糊不清地先行发货。

3.配货

仓管员核实出库凭证所列的项目内容，并进行配货。配货应注意图5-15所示的两个要点。

属于自提出库的成品	属于送货的成品
不论整零，仓管员都要将货配齐，经过复核后，再逐项点付给提货人，当面交接，划清责任	应按分工规定，由保管人员在包装上刷写或粘贴必要的发运标志，然后集中到理货场所待运

图5-15 配货的要点

4.理货

仓管员在理货时应注意图5-16所示的内容。

内容一	待运的成品，不论整件或拼箱的，均须进行理货，集中待运
内容二	待运成品，一般有公路、航空、铁路等不同的运输方式、不同的路线和收货点。要进行分单（票）集中，便于发货
内容三	待运成品要按配车的要求，清理分堆，以便装运。要按运输工具预约的到库时间，按先后顺序理货，随到随装，不误时间

图5-16 理货时应注意的内容

5.发货

运输部门人员持提货单到仓库时，仓管员或收发理货员应逐单一一核对，并点货交给运输人员，以分清责任。仓管员发货时应注意如图5-17所示的要点。

要点一 当运输车辆到仓库提货时，仓库车辆调度应指明待装成品的库号和配车情况

要点二 当运输车辆到仓库装货时，仓管员或收发理货员应指明装车成品，并在现场监督装车，同时再一次对货单进行核对。对于边发货边装车的成品，还应及时查核余数

要点三 装车时，应指导装车工人轻拿轻放，并按一定顺序装载。装车完毕后，将发出的成品和有关单据交予运输人员并办理交接手续，分清责任

要点四 仓管员在成品装车完毕后，应开具随车清单，由运输人员凭随车清单到调度室去调换门票，门卫凭门票放行。放行时，门卫应核对车牌号、品名、数量，确认无误后方可放行。小型仓库，也可由仓管员直接开门票放行

要点五 发货结束后，应在随车清单上加盖"发讫"印记，并留据存查

图5-17 发货要点

6.复核

仓管员发货后，应及时核对成品储存数，同时检查成品的数量、规格等是否与批注的账面结存数相符。随后核对成品的货位量、货卡，如有问题，及时纠正。

7.销账销卡

成品出库工作结束后，仓管员应销账销卡，清点余数。在成品出库工作中必须防止包装破损和受到污染的成品出库。

四、出货记录与报告

1.出货记录

出货记录是出货责任人完成出货任务的证据。根据出货指令文件，仓库已经出了货，但是把货出给谁了、依据在哪里、具体的情况到底怎么样，这就要求有记录。

① 确认运单。仓管员在记录之前首先要确认运单，确认内容如图5-18所示。

图5-18 确认运单内容

② 确认装箱数量和包装状态。仓管员要确认装箱数量和包装状态，具体如图5-19所示。

图5-19 确认装箱数量和包装状态

③ 确认装箱后锁闭状态。仓管员确认装箱后锁闭状态包括两个方面，如图5-20所示。

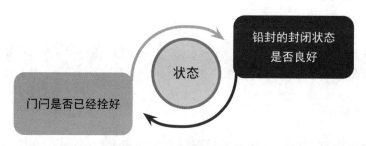

图5-20 确认装箱后锁闭状态

④ 其他需要确认的内容。仓管员还要确认如图5-21所示的两点内容。

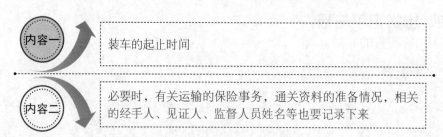

图5-21 其他需要确认的内容

⑤ 签字、确认。必须要让拉货的司机或运方负责人在该记录上签字、确认。

🔍【实战工具27】▸▸ -

出货记录表

日期：

车牌号：			转运国家/地区：								
货柜号/材积：			转运城市/港口：								
运输公司：			目的国家/地区：								
运单号：		司机姓名：		目的地城市名：							
序号	品名	型号	数量	单位	订单号	包装状态	箱数	货盘数	流水号	备注	

进入时间：		开始时间：		完成时间：	
特别事项说明：					

经手人：   批准人：   司机：

- -

2.出货报告

（1）出货报告的内容

出货报告的内容应清楚地反映本次出货的详细情况，如出货成品类别、名称、规格、型号，出货成品的批号、批量和数量，完成出货日期，出货地点，承接运输的单位和运输方式，出货的目的地等。

出货报告是文件，可以用表单的形式呈现，数量至少一式四份。

（2）出货报告的格式

出货报告一般是在公司内部使用的，要使用公司规定的格式，但有些个别的OEM（Original Equipment Manufacture，直译过来的意思是原始设备制造商，俗称"贴牌生产"或"代工"）顾客会要求使用他们的格式，从满足顾客要求的角度出发，也可以这样做。

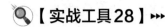【实战工具28】 ➤➤ ---

出货报告

日期：　　　　　　　　　　编号：

序号	品名	型号	批号	订单号	出货数量	箱数	箱号	目的地	集装箱号	承运公司	备注

特别事项说明：

出货地点		完成时间	
生产主管确认		OQC确认	

备考：

担当：	检讨：	批准：

分发：□市场部　□财务部　□生产管理办公室　□其他部门
签收：

（3）出货报告的保存

出货报告应作为重要记录进行保存，以便达到可追溯性、明确责任、统计使用的目的。

出货报告的保存期限一般应是使用的当年再加一个日历年。这个期限是最短的时间，实际可以更长。

比如，2023年3月的出货报告至少要保存到2024年12月31日。2023年是使用的当年，2024年1～12月是一个日历年。

 小提示

成品出货后，物品实物、保管卡、账目和档案等都发生了变化，因此，仓管员还要对库存账目进行整理。

五、出货中异常情形处理

在成品出货过程中，由于人为原因会出现一些异常情形。而有些问题在出库后才被发现，这就需要了解异常情形的处理方式。

1.出库过程异常情形处理

（1）出库凭证（提货单）异常

① 凡出库凭证超过提货期限，客户前来提货，必须先办理手续，按规定缴纳逾期仓储保管费后方可发货。任何非正式凭证都不能作为发货凭证。

② 凡发现出库凭证有疑点，以及出库凭证有假冒、复制和涂改等情况时，应及时与仓库保卫部门以及出具出库单的单位或部门联系，妥善进行处理。

③ 遇到物品进库未验收，或者期货未进库的出库凭证，一般暂缓发货，并通知客户待货到并验收后再发货，提货期顺延。

④ 如果发现出库凭证规格开错或印鉴不符时，仓管员不得自行调换规格发货，必须通过制票员重新开票方可发货。

⑤ 如客户因各种原因将出库凭证遗失，客户应及时与仓管员和账务人员联系挂失。如果挂失时货已被提走，仓管员不承担责任，但要协助客户找回物品；如果货还没有提走，经仓管员和账务人员查实后，做好挂失登记将原凭证作废，缓期发货。仓管员必须时刻警惕，如再有人持作废凭证要求发货，应立即与保卫部门联系处理。

（2）提货数与实存数不符

若出现提货数量与物品实存数不符的情况，一般是实存数小于提货数。造成这种问题的原因主要有以下几种。

① 如属于入库时记错账，则可以采用"报出报入"方法进行调整。

② 如属于仓管员串发、错发而引起的问题，应由仓库方面负责解决库存数与提货数间的差数。

③ 如属于客户漏记账而多开提货数，应由客户出具新的提货单，重新组织提货和发货。

④ 如属于仓储过程中的损耗，需要考虑该损耗是否在合理的范围内，并与客户协商解决。合理范围内的损耗，应由客户承担；而超过合理范围的损耗，则由仓储部门负责赔偿。

（3）串发货和错发货

串发货和错发货主要是指仓管员由于对物品种类、规格不熟悉，或者由于工作中的疏漏，把错误规格、数量的物品发出库的情况。

如果物品尚未离库，应立即组织人力，重新发货。如果物品已经离开仓库，仓管员应及时向主管部门和客户通报串发货和错发货的品名、规格、数量、提货单位等情况，会同客户和运输单位共同协商解决。一般在无直接经济损失的情况下由客户重新按实际发货数冲单（票）解决。如果已造成直接经济损失，应按赔偿损失单据冲转调整保管账。

2.出库后异常情形处理

① 在发货出库后，若有客户反映产品规格混串、数量不符等问题，如确属仓管员发货差错，应予纠正，并致歉；如不属仓管员差错，应耐心向客户解释清楚，请客户另行查找。凡属易碎物品，发货后客户要求调换，应以礼相待，婉言拒绝。如果客户要求帮助解决易碎配件，要协助其联系解决。

② 凡属客户原因，产品型号、规格开错，制票员同意退货后，仓管员应按入库验收程序重新验收入库。如属包装或产品损坏，仓管员不予退货。待修好后，按有关入库质量要求重新入库。

③ 凡属产品的内在质量问题，客户要求退货或换货的，应由质检部门出具检查证明、试验记录，经物品主管部门同意后，方可退货或换货。

④ 退货或换货的产品必须达到验收入库的标准，否则不能入库。

⑤ 物品出库后，仓管员发现账实（结存数）不符，是多发或错发的要派专人及时查找追回以减少损失，不可久拖不予解决。

第六章

库存盘点

库存盘点可以帮助企业控制库存成本、减少库存丢失、提高资金使用效率，并提升客户满意度和竞争力。仓库主管应高度重视库存盘点管理，建立完善的库存盘点管理制度和流程，保证库存数据的准确性和及时性，为企业的发展提供有力的支持。

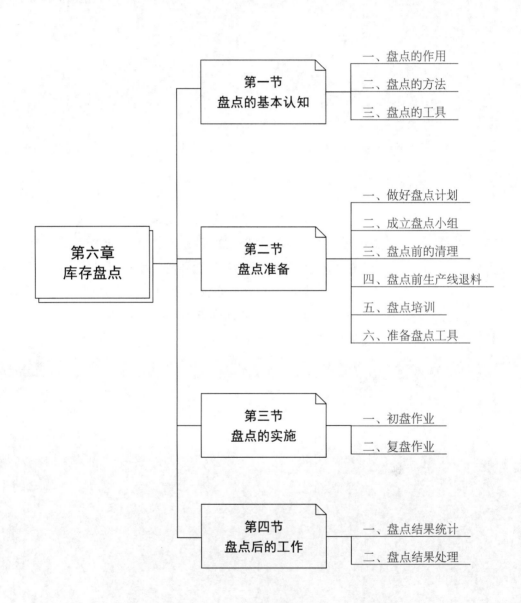

第六章
库存盘点

第一节
盘点的基本认知
　　一、盘点的作用
　　二、盘点的方法
　　三、盘点的工具

第二节
盘点准备
　　一、做好盘点计划
　　二、成立盘点小组
　　三、盘点前的清理
　　四、盘点前生产线退料
　　五、盘点培训
　　六、准备盘点工具

第三节
盘点的实施
　　一、初盘作业
　　二、复盘作业

第四节
盘点后的工作
　　一、盘点结果统计
　　二、盘点结果处理

第一节 盘点的基本认知

库存盘点是企业为了实现库存准确性和有效管理而进行的一项重要工作。它通过对库存量和质量的实际核对，确保企业掌握准确的库存情况，并为后续的采购、销售等决策提供依据。

一、盘点的作用

企业的生产活动中，物料（品）的出入库，都有相关单据、账册记录。但实际调查实物时，会出现实际物料和账册有所出入的情况，这就存在两种库存："账面库存"和"实际库存"。所以企业需要做定期的盘点。

具体来说，盘点具有图6-1所示的作用。

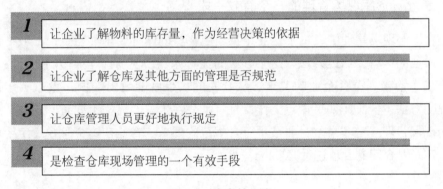

1 让企业了解物料的库存量，作为经营决策的依据

2 让企业了解仓库及其他方面的管理是否规范

3 让仓库管理人员更好地执行规定

4 是检查仓库现场管理的一个有效手段

图6-1 盘点的作用

1. 让企业了解物料的库存量，作为经营决策的依据

财务账目中的库存量的数据出自进出货单，而进出货单据是否准确，取决于进出货是否真正从仓库这个环节周转。盘点仓库能监督进出货单的准确性，反过来也能检查仓库是否按要求做到出入库无失误，这是一个双向监管的过程；不盘点，等于把这个管理监督手段自动取消了，失去了应有的作用。

通过仓库的盘点，企业能掌握一个准确的数据，出入货量大的产品肯定是市场比较热销的，而压库时间比较长的产品，必是滞销物。通过了解这些情况，企业可以作出相应的反应，调整自己的销售策略，改进自己的销售方向，同时对滞销的产品进行清仓，尽量压缩库存，减少资金的积压，增加资金的流动性，让企业的产品处于良性的循环。

2.让企业了解仓库及其他方面的管理是否规范

仓库盘点以后，若发现货损量大，就说明仓库管理工作不认真，在工作中存在漏洞。通过分析盘点的缺损数据，追究相关的情况就能了解到问题出现在什么地方，是仓库管理不善，还是进出货的渠道中有不完善的地方，还是流转过程中存在问题，这样可以针对性地拿出解决的方案，弥补管理漏洞。

3.让仓库管理人员更好地执行规定

正常化的盘点工作会让仓库管理人员不敢有丝毫的懈怠，因为任何物料缺损都能通过盘点清楚地表现出来。仓库内的物料是否正确合理摆放，报废过期物料是否正确处置，零散物料处理得当与否直接决定了仓库盘点工作是否能正常、快速、有效地进行。仓库盘点是检验仓库管理人员是否认真工作的一个主要手段，使他们不敢有丝毫放松自己工作的想法，认认真真地把仓库管理工作抓实、抓细、抓好。同时决策者通过掌握盘点进行的时间，就能了解到仓库内的物料的摆放情况，从而对仓库的现场工作进行及时检查管理。

4.是检查仓库现场管理的一个有效手段

在仓库的现场管理中，每个企业根据自己物料的储存要求和特点，一般都会总结出一个最佳的保管、储运办法，这个办法的优劣体现在现场管理操作的方便性。办法是否方便、恰当、符合企业的要求，从仓库的盘点就能看出端倪，盘点工作越快越好，说明方法越佳。而如果盘点工作慢且混乱，除了说明流程上面有问题外，还说明仓库的现场管理一定非常差，非常不符合规范的要求。企业在这个时候一定要作出调整的决定，对仓库的管理进行必要的改进。

二、盘点的方法

物料盘点是为确定仓库内或其他场所内现存物料的实际数量，而对物料的现存数量加以清点，并核对账面数的过程。通过盘点可以发现库存物料数量上的溢余、短缺、规格互串等问题，以便及时查找并分析原因，采取措施挽回或减少损失。

1.定期盘点和循环盘点

① 定期盘点，即按照一定的期限如三个月（季）、六个月（半年）进行一次盘点，定期盘点时，仓库、制程中所有的物料都要同时做盘点。这就必须停止出入库、移转等物流活动。

② 循环盘点，它是对规定应盘点的物项（如A类物料），以几天的时间为周期，进行盘点的方法。

2.账簿盘点和实地盘点

（1）账簿盘点

账簿盘点是以记录着每天出入库物料的数量及单价的库存总账簿或是库存卡为准，再依照理论来计算并且掌握库存的数量。也就是将一般库存的进货、出货、存货等流动性数据持续记录于账簿内并据此计算出库存量。

如果没有将库存状况持续记录下来，企业在经营上也会出现许多问题。如果无法实行账簿盘点，则必须进行实地盘点工作，否则便无法得知利润的多寡。

而且，要了解采购量和销售量是否相符，就必须靠持续的库存记录来作判断，否则等到发现不正常交易时，可能为时已晚了。

（2）实地盘点

实地盘点是以实际调查仓库的库存数计算出库存额，又称实盘。因为在实际工作中，记录在账簿上的库存量以及实际库存量并非完全一致，这就必须将实际的现货量进行仔细的确认。实地盘点的进行时间及其方法分为以下三种。

① 依场地的不同可分为仓库盘点、在制品盘点。

② 依期限的不同可分为定期盘点、不定期盘点、平日盘点。依公司的规定，每个月、每半个月、或每星期进行一次的盘点就是定期盘点。而属于一般性事务的每月盘点即是平日盘点，这是许多企业最常用的盘点方法。还有一种是盘点只在需要时才进行的，就是不定期盘点。

③ 依方法分类分为统一盘点、循环盘点。

盘点的各种方法如图6-2所示。

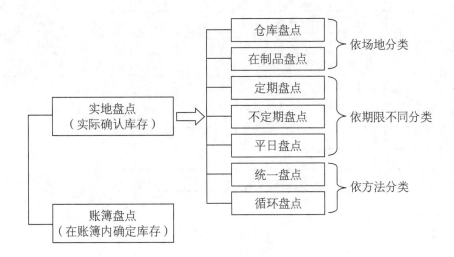

图6-2　盘点的各种方法

三、盘点的工具

盘点作业使用的记录工具多种多样，如：盘点传票、盘点卡、盘点架等。

1.盘点传票

盘点传票的使用步骤为以下几点。

① 按计划要求做成盘点传票（记录品名、品号等）。

② 送交盘点人。

③ 记录现货的数量及日期。

④ 撕去一半（表示已盘）。

⑤ 撕去的一半收回做统计等盘点处理。

🔍【实战工具29】▶▶ --

盘点传票

盘点传票
日期：＿＿＿＿＿＿＿＿＿＿＿＿＿＿＿＿＿＿＿＿＿ 品名：＿＿＿＿＿＿＿＿＿＿＿＿＿＿＿＿＿＿＿＿＿ 品号：＿＿＿＿＿＿＿＿＿＿＿＿＿＿＿＿＿＿＿＿＿ 数量：＿＿＿＿＿＿＿＿＿＿＿＿＿＿＿＿＿＿＿＿＿
日期：＿＿＿＿＿＿＿＿＿＿＿＿＿＿＿＿＿＿＿＿＿ 品名：＿＿＿＿＿＿＿＿＿＿＿＿＿＿＿＿＿＿＿＿＿ 品号：＿＿＿＿＿＿＿＿＿＿＿＿＿＿＿＿＿＿＿＿＿ 数量：＿＿＿＿＿＿＿＿＿＿＿＿＿＿＿＿＿＿＿＿＿ 印

2.盘点卡

盘点卡需要收回，不能留在现货处，其使用步骤为以下几点。

① 按计划要求，做成盘点卡（记入品号等）。

② 送交盘点人。

③ 记录现货数量及盘点日期。

④ 收回盘点卡做盘点处理。

【实战工具30】▶▶ ------------------------------------

盘点卡

卡号		日期			
物料名称		物料编号			
物料规格		存放位置			
账面数量		实盘数量		差异	
备注					
复盘人					
盘点人					

3.盘点架

盘点架的使用步骤为以下几点。

① 按计划要求，做成新的盘点架。

② 送交盘点人。

③ 在原有（旧）的盘点架上，填入现货的数量及日期（旧盘点架为上次盘点时所做，其上记录着从上次盘点至现时的出库情况）。

④ 把余数（现货数）转记到新盘点架上。

⑤ 收回旧盘点架做盘点处理。

⑥ 新盘点架转仓库管理。

【实战工具31】▶▶ -

盘点架

<table>
<tr><td colspan="5" align="center">**盘点架**</td></tr>
<tr><td colspan="5">日期：＿＿＿＿＿＿＿＿＿＿＿＿＿＿＿＿＿＿＿＿＿＿＿＿＿
品名：＿＿＿＿＿＿＿＿＿＿＿＿＿＿＿＿＿＿＿＿＿＿＿＿＿
品号：＿＿＿＿＿＿＿＿＿＿＿＿＿＿＿＿＿＿＿＿＿＿＿＿＿
数量：＿＿＿＿＿＿＿＿＿＿＿＿＿＿＿＿＿＿＿＿＿＿＿＿＿</td></tr>
</table>

日期	传票	出	入	余

- -

第二节　盘点准备

盘点准备是盘点工作顺利开展的基础，盘点工作需要充分的事前准备，包括对盘点人员进行物料认识及盘点方法的培训，以保证盘点工作的顺利进行。

一、做好盘点计划

盘点前应做好盘点计划，其内容如图6-3所示。

决定进行盘点的日期与时间

决定进行盘点的品目

决定各盘点区域的负责人

决定本次盘点的记录方法及保管方法

图6-3　盘点计划的内容

下面是一份××公司盘点计划的范本，仅供参考。

范本

配件库10月盘点计划

盘点时间：20××年10月9日

地点：配件库各库房

盘点程序

1.初盘：由配件库自行安排有关人员对本库房物料进行盘点。

2.抽盘：由盘点小组指定专人进行盘点，并核实账、卡记录。

3.盘点工作总结：由仓管部根据本次盘点情况写出书面总结。

4.盘点结果分析：由仓管员组织配件库工作人员对本次盘点的仓储状况、安全库存、盈亏结果等进行书面分析。

盘点小组负责人：王××、李×、张××、刘××

工作人员：万××、敬××、周××、袁××

工作要求

1.各类库存物料的台账、标志卡、物料卡片、盘存单一定要在盘点前登记完成，并由仓管员完成初盘。

2.各种计时器具、测量工具和检测仪器仪表，以及盘点登记用的各种表格应准备妥当，以备使用。

3.抽盘结束后，应尽快查清盈亏原因，做好盘点工作总结，完成盘点结果分析，上报总部批准。

4.将报批后的盘点盈亏结果分析交财务部门。

二、成立盘点小组

仓库在开展盘点前应成立盘点小组，由盘点小组负责盘点的具体实施工作。盘点小组应分为初盘小组和复盘小组，两个小组的职责如图6-4所示。

图6-4　盘点小组的职责

三、盘点前的清理

盘点前仓库的清理工作主要包括以下内容。

① 供应商所交来的物料还没办完验收手续的，不属于本公司的物料，其所有权应为供应商所有，必须与公司的物料分开，避免混淆，以免盘入公司物料当中。

② 已验收完成的物料应及时整理归仓，若一时来不及入仓，要暂存于仓库，记在仓库的临时账上。

③ 仓库关闭之前，必须通知各用料部门预领关闭期间所需的物料。

④ 清理、清洁仓库，使仓库井然有序，便于计数与盘点。

⑤ 将呆料、不良物料和废料预先鉴定，与一般物料划清界限，以便正式盘点时作最后的鉴定。

⑥ 将所有单据、文件、账卡整理就绪，未记账、销账的单据均应结清。

⑦ 仓库的物料管理人员应于正式盘点前，找时间自行盘点，若发现问题应做必要且适当的处理，以便正式盘点工作的进行。

四、盘点前生产线退料

为配合生产线的盘点工作，在仓库清理之前，生产线必须做好生产线的退料工作。生产线的退料对象如图6-5所示。

图6-5　生产线的退料对象

小提示

　　生产线的退料工作在平时就要进行，在盘点来临时才进行退料工作，工作繁杂且不易顺利进行。生产线退料工作必须彻底进行，生产线所属工作场所（包括生产线上下附近、工作桌抽屉、通风管等区域）都应彻底退料。

五、盘点培训

　　为使盘点工作顺利进行，每次定期盘点时，必须抽调人手增援。对于从各部门抽调来的人手，必须先加以组织分配，并进行短期的培训，使每一位人员在盘点工作中能够彻底了解并承担好其应尽的责任。人员的培训分成两部分：一部分是认识物料的培训；另一部分是盘点方法的培训。

1.认识物料的培训

　　认识物料的培训，重点针对复盘人员与监盘人员，因为复盘人员与监盘人员多半对物料不太熟悉。加强复盘人员与监盘人员对物料的认识有以下方法。

　　① 分配易于认识的物料给对物料认识不足的复盘人员和监盘人员（如财务、行政人员）。

　　② 对物料认识不足的复盘、监盘人员，每次盘点所分配的物料内容最好相同或相当接近，不要每次盘点都变更。

2.盘点方法的培训

　　工厂的盘点程序与盘点办法经过会议通过后，即成为公司的制度。参加初盘、复盘、抽盘及监盘的人员必须根据盘点管理程序加以培训，必须对盘点的程序、盘点的方法、盘点使用的表单等充分了解，这样盘点工作才能得心应手。

六、准备盘点工具

　　盘点所需要用到的磅秤、台秤等仪器必须检查仔细，并准备盘点时使用的计量用具，准备盘点票、盘点记录表等单据。

第三节　盘点的实施

盘点的准备工作做好后，各小组就要在指定时间开始盘点作业的实施。下文所提盘点作业主要是指实地盘点，其过程主要分为初盘作业和复盘作业。

一、初盘作业

初盘作业的内容如图6-6所示。

内容一	指定时间停止仓库物料进出
内容二	各初盘小组在负责人的带领下进入盘点区域，至少每两人一组，在仓管人员的引导下进行各项物料的清点工作
内容三	初盘人员在清点物料后，填写盘点卡，做到一物一卡
内容四	盘点卡一式三联，一联贴于物料上，两联转交复盘人员
内容五	初盘负责人组织专人根据盘点卡上的资料，填写盘点清册。盘点清册一式三份，一份存初盘仓库，另两份交复盘人员

图6-6　初盘作业

小提示

初盘作业必须非常仔细，对货架里面的物料也要认真盘点，避免出现差错，造成多次复盘；盘点时如果发现物料摆放混乱，应将其摆放整齐。

二、复盘作业

① 初盘结束后，复盘人员在各负责人的带领下进入盘点区域，在仓管员及初盘人员的引导下进行物料复盘工作。

② 复盘可采用100%复盘，也可采用抽盘，由公司盘点领导小组确定，但复盘比

例不可低于物料种类的30%。

③ 复盘人员根据实际状况，可选择由账至物或由物至账的抽盘作业方式。

a.由账至物，即在盘点清册上随意抽出若干项目，至现场逐一核对，检查盘点清册、盘点卡与实物三者是否一致。

b.由物至账，即在现场随意指定一种物料，再将其与盘点清册、盘点卡上的记录进行核对，检查三者是否相符。

④ 复盘人员对核对无误的项目，在盘点卡与盘点清册上签字确认；对核对有误的项目，应会同初盘人员、仓管人员修改盘点卡、盘点清册中所载的数量，并签字负责。

⑤ 复盘人员将两联盘点卡及两份盘点清册一并上交财务部。

⑥ 复盘结束后要及时将仓库重新整理干净。

🔍【实战工具32】▶▶▶ -

物料盘点清册

编号：

部门				盘点日期						
盘点卡号	料号	单位	实盘数量	账面数量	差异数量	单价	差异金额	差异原因	储放位置	
合计										
说明				会计		复盘		盘点人		

- -

【实战工具33】▶▶ -

成品/在制品盘点清册

日期：

盘点卡号	料号	品名	规格	数量	单位	使用状况	备注

主管：　　　　　　　复盘：　　　　　　　盘点人：

- -

第四节　盘点后的工作

盘点作业结束后，就要进行盘点作业的处理工作，主要有盘点结果统计、盘点结果处理。

一、盘点结果统计

盘点后应将盘点单按编号及发出数收回，并根据每张盘点单上的最终物料数量，统计出物料的总量。

盘点卡是盘点实际库存数的原始记录，盘点工作负责人在盘点结束后应用电脑打印出各仓位区域内所有的盘点记录单，避免遗漏。

【实战工具34】▶▶▶---

盘点差异分析表

物料编号	仓位号码	单位	原存数量	实盘数量	差异数量	差异率/%	单价	金额	差异原因	累计盘赢（亏）数量	累计盘盈（亏）金额	建议对策
合计							合计					

【实战工具35】▶▶▶---

盘点异动报告表

盘点日期	物料编号	物料名称	盘盈数量	盘亏数量	盘盈（亏）金额	原存数量	实盘数量	累计盘盈（亏）数量	单价	累计盘盈（亏）金额

二、盘点结果处理

在盘点过程中，如发现账物不符的现象，企业应积极寻找账物差异产生的原因，同时做好预防及修补改善工作，防止差异再次发生。

1.盘点差异确认

盘点工作负责人将盘点所得资料与账目核对后，如果发现账物不符的现象，则应追查原因，具体可从以下事项着手进行追查。

① 账物不符是否属实，是否因料账处理制度存在缺陷，而造成账目无法准确表达物料数目。

② 盘盈、盘亏是否由于料账员素质过低，记账错误或进料、发料的原始单据丢失造成料账不符。

③ 是否存在盘点人员不慎多盘或未用心盘分置数处的物料，或盘点人员事先培训工作不到位而造成错误的现象。

④ 盘点与账目的差异是否在容许范围之内。

⑤ 分析盘盈、盘亏的原因，看今后是否可以事先设法预防或能否缓和账物差异的程度。

🔍【实战工具36】▸▸▸ -

库存盈亏明细表

类别：　　　　　　　　日期：

项次	品名	物料编号	单位	账面数量	盘点数量	差异	差异原因

厂长：　　　　　　　　主管：　　　　　　　　制表：

2.盘点差异处理

（1）修补改善工作

盘点结束后，仓管员应做好如图6-7所示的修补改善工作。

依据盘点结果，对分管人员进行奖惩

对账面、物料管制卡进行纠正

对于不足料要迅速办理订购

迅速处理呆料、废料

加强整理、整顿、清扫、清洁工作

将盘点中发现的废品集中存放起来，做废弃处理

图6-7　修补改善工作的内容

（2）预防工作

在找到盘点差异产生原因后，仓管员应做好预防工作，防止差异再次发生，具体措施如图6-8所示。

措施一　呆废料比例过大，应设法研究，致力于降低呆废料数量

措施二　当存货周转率极低，存料金额过大造成财务负担过大时，应设法降低库存量

措施三　当物料供应不足率过大时，应设法加强物料计划与库存管理以及采购的配合

措施四　料架、仓储、物料存放地点若影响到物料管理绩效，应设法改进

措施五　产品成本中物料成本比例过大时，应探讨采购价格偏高的原因，设法降低采购价格或设法寻找廉价的代用品

措施六　物料盘点工作完成以后，所产生的差额、错误、变质、呆滞、盈亏、损耗等结果，应分别予以处理，并防止以后再发生

图6-8　预防盘点差异的措施

3.调整账面存量

根据盘点后的差异结果，仓管人员要办理库存账目、保管卡的更改手续，以保证

账、物、卡重新相符。

（1）调整库存账目

仓管员应该根据盘点结果，在库存账页中将盘亏数量做发出处理，将盘盈数量做收入处理，并在摘要中注明盘盈（亏）。

🔍 **【实战工具37】**▸▸▸---

盘盈（亏）库存账目调整

年		凭证		摘要	收入	发出	结存
月	日	种类	号码				
……	……	……	……	……	……	……	
12	30	领料单	06123005			5 000	146 000
1	1	盘点单	070101	盘亏		5 000	141 000

（2）调整保管卡

仓管员调整保管卡时，也应该在收发记录中填写数量的变更，具体方法如下表所示。

🔍 **【实战工具38】**▸▸▸---

盘盈（亏）保管卡调整

……							
收发记录							
日期	单据号码	发料量	存量	收料量	退回	订货记录	备注
……	……	……	……	……	……	……	……
12 月 30 日	06123005	5 000	146 000				
1 月 1 日	070101	5 000	141 000				盘亏

第七章

仓库安全

仓库安全管理是仓库管理的重要组成部分，仓库安全工作贯穿仓库各个作业环节。仓库主管应抓好仓库的安全管理，及时发现问题，采取科学方法，消除各种危险隐患，有效防止灾害事故的发生，保护仓库中人、财、物的安全。

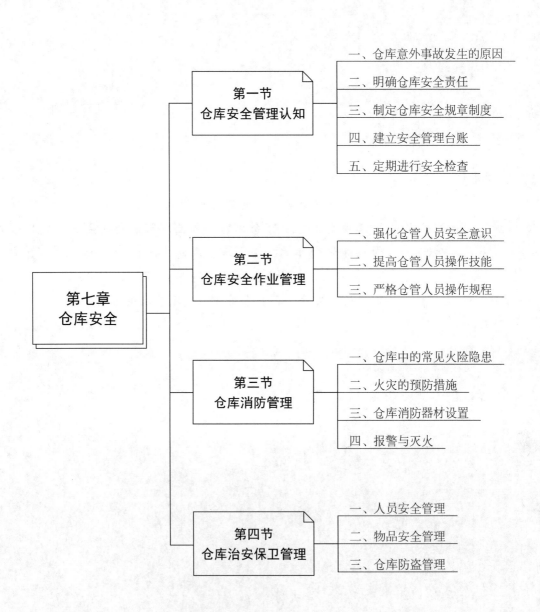

第一节　仓库安全管理认知

没有安全的储存环境，仓储工作将很难开展。因此，仓库主管应全面加强仓储安全管理，避免出现安全事故。

一、仓库意外事故发生的原因

仓库一旦发生意外，会危及人员的安全，造成财物的损失，因此，仓库安全的预防及维护，应予以特别重视。仓库意外事故发生的原因主要如图7-1所示。

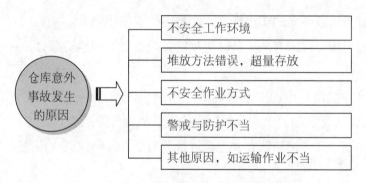

图7-1　仓库意外事故发生的原因

二、明确仓库安全责任

1.仓库安全责任

① 仓库安全管理必须贯彻"预防为主"，实行"谁主管谁负责"的原则。

② 仓管员应当熟悉储存物品的分类、性质、保管业务知识和防火安全制度，掌握消防器材的操作使用和维修保养方法，做好本职工作。

③ 仓库物品应当分类，严格按照图7-2所示的"五距"要求堆放，不得混存，严禁在消防通道堆放货物，严禁遮挡消防门及消防器材。

④ 仓库的电气装置必须符合国家现行的有关电气设计和施工安装验收标准规范的规定。

⑤ 库房内不准设置移动式照明灯具。照明灯具、电器设备的周围和主线槽下方严禁堆放物品，其垂直下方与储存物品水平间距不得小于0.5米。

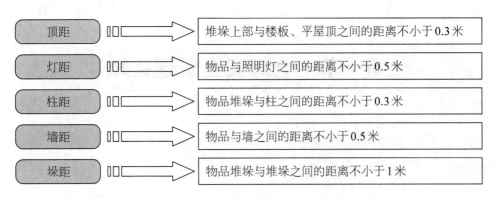

图7-2 库房"五距"要求

⑥ 每个库房应当在库房外单独安装开关箱，保管人员离库时必须拉闸断电。禁止使用不合规格的保险装置。库房内不准使用电炉、电烙铁、电熨斗等电热器具和电视机等家用电器。

⑦ 仓库应当设置明显的防火标志，库房内严禁使用明火。

⑧ 仓库应当按照国家有关消防法规规定，配备足够的消防器材，并确保消防器材有效。

⑨ 落实仓库温度、电源安全管理责任和24小时值班巡逻等制度，落实逐级防火责任制和岗位防火责任制；组织开展防火检查，消除火险隐患。

⑩ 组建专职、义务消防队，并定期进行业务培训，制定灭火应急方案，开展自防自救工作。

⑪ 库存物品应当分类、分垛储存，每垛占地面积不宜大于150平方米，垛与垛间距不小于1米，垛与墙间距不小于0.5米，垛与梁、柱间距不小于0.3米，主要通道的宽度不小于2米。

⑫ 装卸作业结束后，应当对库区、库房进行检查，确认安全后，方可离人。

⑬ 库区范围动用明火作业时，必须办理动火证，经公司安全与保障部批准，并采取严格的安全措施后方可作业。动火证应当注明动火地点、时间、动火人、现场监护人、批准人和防火措施等内容。

⑭ 仓库的消防设施、器材，应当由专人管理，负责检查、维修、保养、更换和添置，保证完好有效，严禁私自挪用。

2.仓库主管安全责任

① 仓库主管是仓库安全第一责任人，对所经营管理仓库的安全生产负责，应重点加强仓库消防安全、货物安全、货物装卸安全管理，防止安全责任事故发生。

② 认真学习和贯彻执行《中华人民共和国安全生产法》《中华人民共和国消防法》

等法律、法规，严格遵守公司的安全管理制度、操作规范。

③ 负责制订仓库安全生产工作计划，组织完成公司下达的安全目标。

④ 认真落实仓库的安全管理制度，做好仓库防火、防汛、防盗等工作，严禁在仓库储存限类货物。

⑤ 做好员工安全培训，每月召开一次安全例会，积极开展安全生产活动，加强安全生产教育与宣传，强化员工安全意识。

⑥ 每月进行一次安全隐患排查治理，检查重点包括：仓库结构安全及卫生状况、库区消防安全、库区安全用电情况、叉车安全技术、现场作业规范等，发现隐患及时落实整改。

⑦ 认真落实责任区的安全器材配备及检查工作，确保消防系统正常运作。严禁烟火，安全用电，禁止堵塞消防通道。

⑧ 落实公司叉车使用、管理制度，认真做好叉车等装卸设备的日常保养维护工作，确保车容车貌、安全技术良好。

⑨ 制定并落实叉车装卸和货物搬运操作流程，确保特种设备操作人员持证上岗，确保装卸作业安全。

⑩ 要求员工严格遵守电梯安全操作规定，实行电梯安全使用监督制度，避免电梯超载、受到撞击。

⑪ 落实进出仓库车辆的捆绑、苫盖和其他安全规范监督。

3.仓管员安全责任

① 严格遵守国家安全生产法规和公司安全管理规章制度，保障自己及他人生命和财产安全。

② 仓管员是所在库区的防火责任人，消防管理及消防防范工作是日常工作的重中之重。禁止在库区存放易燃易爆等危险品，做好库区周围的禁烟和防火管理，负责每月定期对消防栓、灭火器等消防设施进行维护检查，并认真填写消防器材检查卡。

③ 库区范围严禁明火作业，如有特殊情况需明火作业，必须办理动火申请，经公司安全与保障部批准，并采取有效的安全措施后方可作业。

④ 必须按"五距"要求安全堆放货物，按规定留出安全通道；严禁在消防设施附近堆放货物，对超限货物设置围栏，并做好安全标识。

⑤ 按规定做好安全隐患巡查工作，积极采取有效措施排除一切安全隐患，及时报告隐患，并认真填写安全检查记录。

⑥ 确保安全用电，离开仓库时必须关闭库区内照明设施，库区内严禁使用生活电器设备。杜绝在仓库私自乱拉电线和安装照明设备，外来客户因工作需要临时拉线用电时，需报公司安全与保障部批准，并确保用电安全的情况下方可使用。

⑦ 认真落实现场安全操作流程，做好现场安全生产监督，及时制止并报告违章作业行为。

⑧ 不得随意带人进入仓库，对需进入仓库办理业务的外来人员要实行登记制度，并要求来访人员不得使用明火、不得随意走动、不得攀爬登高。

⑨ 如公司范围发生火灾或受台风暴雨袭击，应按照公司应急预案要求和统一部署，采取防范措施，积极参加抗灾抢险，确保人员、财产安全。

⑩ 发生安全生产事故要及时报告，并保护事故现场，积极配合相关调查处理工作。

三、制定仓库安全规章制度

为了贯彻执行"安全第一，预防为主，综合治理"的方针，落实安全生产责任。根据《安全生产法》和相关安全生产管理条例及公司加强安全生产工作、落实安全生产责任制精神的相关规定，企业应制定仓库安全规章制度，如仓库安全管理制度、库区夜间值班、巡逻制度等，并严格执行。

下面是一份××公司仓库安全管理制度的范本，仅供参考。

范本

仓库安全管理制度

第一条 目的

为加强对仓库的安全管理，特制定本制度。

第二条 适用范围

适用于仓库所有员工。

第三条 职责

装卸工负责货物装载过程的安全，门卫负责监控外来人员进入仓库的情况。仓库负责人负责货物装载及外来物料的核查和验收。

第四条 安全培训

所有从事仓库工作的员工必须接受安全教育、提高危险意识和识别内部隐患的培训。未经培训或未获得许可的人员一律不得进入货物装卸区，进出仓库必须接受登记。

第五条 来料验收及储存

1.所有来料由仓管员和安全管理代表或指定代表人核对采购部发出的采购

单，对无货单物料一律拒收。

2.已核实的外来物料放入独立的验收区域，对货品质量进行IQC检验。

3.来料数量必须符合采购单或来货单数量，如有出入，仓库需进行相应的调查，严重不符的，需向厂部举报。禁止一切无货单物料进入或物料被偷窃强取的事件发生。

4.经过IQC检查后，合格的来料应存放于合格区内，分区摆放，并附上适当标识；物料的进出应记录于"物料管制卡"上，以便日后跟踪追溯。

5.成品储存仓要有专人负责管理，任何未经许可人士不得顺便进入；如有客户或品质检查员要进入检验时，必须要由主管级以上人员陪同。

6.所有物料的储存环境必须有防盗防非法进入的门窗，并有管理员对物料进行调查并上报公司或客户。

第六条　货物对外运输

1.成品外运时必须由仓管员核对运输车司机出示的运输通知，确认其符合业务部发出的指示后方能装载货物。业务指示包括出货通知书、托运单等。

2.所有货车、集装箱在装载物前必须接受例行的车厢检查并清洁干净。如发现车门关不严或车厢破烂的应向仓库负责人报告，不可接受该类车厢进行货物装载。

3.在装载区域内进行货物装载时，需由安全管理代表或代表人进行监控，未经许可人员或车辆不得进入该区域。

4.货物在装载好后应由仓库负责人检查车辆装载货物数量确认合格后再实时上锁，并由安全人员确认。司机在领取仓库开出的运输单后即可将货物运送出厂。

5.如对装载货物的车厢使用了一次性封条，应于运输单上填写封条号码，让收货方检验装载车辆是否在运输过程中被改过，如发现被改过双方都有责任对此展开调查，调查结果需向厂部及客户报告。

第七条　车辆管理

1.所有车辆由后勤部统一管理，客车不得与货物运输车同一区域停泊，对货车停车场实施人员监控，禁止未经许可人员进入。

2.外来装载的车辆、集装箱应及时进入装卸区域，如出现装货车辆过多，装卸区不能容纳时，需集中停泊指定区域停车场内，并由门卫对该区域进行监控。

四、建立安全管理台账

仓库应根据实际情况建立以下安全管理台账和记录。

① 灭火器材管理台账。

② 特种设备管理台账。

③ 特种作业人员管理台账。

④ 事故、事件、不符合管理台账。

⑤ 危险物品管理台账。

⑥ 安全教育培训记录。

⑦ 仓库安全交接班记录。

⑧ 安全检查记录。

⑨ 应急救援预案培训演练记录。

【实战工具39】▶▶▶----------------------------------

仓库防火管理检查表

检查项目	整理内容	是否整理	相关文件
电气设备检查	是否检查用电负荷	□是　□否	电气设备位置图
	是否检查电线，更换老化线路	□是　□否	
储存检查	易燃物品是否被隔离	□是　□否	存储检查记录
	是否检查易燃物品有无出现冒、跑、漏	□是　□否	
	灯具与物品距离是否适宜	□是　□否	
	是否检查通风散热性状	□是　□否	
器械检查	叉车、吊车进入库区是否有防护罩	□是　□否	器械检查记录、器械使用规范
	是否存在易产生火花的工具	□是　□否	
	器械是否在库房内修理	□是　□否	
火源检查	易燃物是否及时清理	□是　□否	火源检查记录
	库区是否未使用明火	□是　□否	
火灾隐患处理	是否使用正确方法排除隐患	□是　□否	火灾隐患排除办法
	对不能处理的火灾是否拨打火警电话	□是　□否	
	是否将火灾隐患处理情况上报仓库主管	□是　□否	

续表

检查项目	整理内容	是否整理	相关文件
火灾处理	对于普通物品起火，是否采用沙土、灭火剂等予以扑灭	□是　□否	灭火指南
火灾处理	对于危险品起火，是否依据其产生的化学反应选择了适宜的灭火物	□是　□否	灭火指南
组别		执行人	日期/时间	

五、定期进行安全检查

企业仓库应建立相应的定期安全检查制度。

1.仓库安全检查的主要内容

仓库安全检查的主要内容是：查思想、查隐患、查管理。具体如表7-1所示。

表7-1　仓库安全检查的主要内容

序号	检查内容	具体说明
1	查思想	首先主要是查仓库班组领导的安全作业观念是否已建立，全体职工安全第一的思想是否牢固；其次，是查领导对职工、设备、库存货物的安全是否关心，对安全生产的方针、政策、法规的贯彻是否坚决，对安全教育制度的执行是否坚决；最后，是查领导是否已把安全生产放到议事日程上来
2	查隐患	主要是深入仓库生产作业现场，检查生产工人的劳动条件是否符合作业规定，操作程序是否符合安全操作规程，各种机械设备和电气设备是否符合安全标准，货物堆码是否稳固，有无倒塌，是否符合作业要求；储油库中的化工储罐、剧毒品、放射性货物、易燃易爆的货物是否严格管理等
3	查管理	主要检查仓库各作业岗位的安全操作制度和规程是否已建立健全，贯彻落实的情况如何；劳动防护用品是否按规定发放；各级安全生产责任制贯彻落实的情况如何；对仓库事故、伤亡报告的统计和处理是否按法规认真执行

2.仓库安全检查的形式

仓库安全检查的形式主要有表7-2所示的几种。

表7-2 仓库安全检查的形式

序号	检查形式	具体说明
1	定期全面的安全检查	一般在重大的节假日前，仓库领导均要组织有关人员进行一次全面的安全检查，如劳动节、国庆节、春节、元旦等
2	经常性安全检查	主要包括日查、周查、月查、季查等。一般是由各部门、各库房、班组、保管员、生产工人进行的日常规范性的例行安全检查
3	专业性安全检查	这种检查以专业部门为主，组织有专业知识的有关人员进行专门检查。检查的重点是电气设备、机械设施、易燃易爆货物的储存、作业环境，有毒、有放射性货物的安全作业等
4	季节性安全检查	主要是根据各种季节特点进行的，如盛夏的防暑降温、梅雨季节的用电安全、严冬的防寒保暖、台风季节的防台防汛等。这种检查的特点是时间性强、需采取有针对性的措施，以便及时预防和控制事故的发生
5	临时性安全检查	这种检查是在将要发生某种自然灾害之前，如洪水、雷电、冰雹、暴雨、强风、地震等，或自然灾害发生之后，由上级领导部门或仓库领导组织的临时性的安全检查

第二节　仓库安全作业管理

仓库安全作业管理是指在物品进出仓库装卸、搬运、储存、保管过程中；为了防止和消除伤亡事故，保障员工安全和减轻繁重的体力劳动而采取的措施，它直接关系到员工的人身安全和生产安全，也关系到仓库的劳动生产率能否提高等重要问题。

一、强化仓管人员安全意识

为使仓库能安全地作业，树立安全作业意识是非常重要的。为此，仓库主管应定期对仓管员进行安全作业方面的培训，使仓管员从思想上重视安全作业。同时，通过提高仓储设备的技术水平，减少人工直接装卸、搬运，更多地采用机械设备和自动控制装置，是提高作业安全的最有效的方法。例如，现代自动化立体仓库的使用，使作业的安全性大大提高。

1.培训目的明确

通过安全教育培训，不断地提高职工的生产安全意识，将"安全第一"的思想深深地扎根到每位职工的脑海之中，使他们在工作中养成时时注意安全、处处防范危险的好习惯。

同时，仓库主管应将职工的个人人身安全与企业的长远效益联系起来，大力宣传"安全是企业最大的效益，人才是企业最大的财富"思想，这样做不但增强了职工自身的集体荣誉感，而且达到了安全教育的目的，使职工意识到保证自身的人身安全也是对企业的一份贡献。

2.培训形式多样

把职工安全教育培训作为强化安全管理的中心工作之一，培训形式要不拘一格，如利用安全月活动、班前班后会、安全例会、安全板报、安全宣传标语等向职工传播安全的重要性。

① 在培训过程中应根据企业实际，考虑到大多数职工（特别是应考虑到部分高年龄、低文化层次职工）的实际接受能力和理解情况，不厌其烦地反复宣讲，宣讲时采用现场虚拟演示、图片展示等多种形式，激发大家的学习兴趣，逐步深入，确保人人掌握、个个理解。

② 新职工上岗前培训是保证职工能适应新工作要求的关键环节，也是防止安全事故发生的重要保证。新职工上岗前集中开展安全理论和安全基本技能培训，提高新职工业务能力和安全技能，防止因无知而发生的安全事故。

③ "传帮带"是企业提高新职工安全素养与技能水平的良好传统，仓库主管可充分发挥班组长和技术骨干的作用，树立职工学习的标杆，加快提高职工整体安全技能水平。

二、提高仓管人员操作技能

作业技术水平的提高，可以有效减少事故的发生。因此，仓管员要接受企业提供的岗位培训和定期技能考核，这样既能提高企业的生产效率，又能提高自身劳动的安全性。

三、严格执行仓管人员操作规程

仓库作业的安全操作规程，是经过实践检验的能有效减少事故发生的规范化作业操作方法，因此，仓库主管应要求仓管员严格执行操作规程，并对不按照安全操作规程的行为进行严肃处理。

第三节　仓库消防管理

仓库集中储存着大量的物品，从事故的危害程度来看，火灾造成的损失最大。因此，仓库消防管理是仓库安全管理的重中之重。

一、仓库中的常见火险隐患

仓库中的常见火险隐患有以下几个方面。

1.电气设备方面

① 电焊、气焊违章作业，没有消防措施。
② 用电超负荷。
③ 违章使用电炉、电烙铁、电热器等。
④ 使用不符合规格的保险丝和电线。
⑤ 电线陈旧，绝缘破裂。

2.储存方面

① 不执行分区分类储存，将易燃易爆等危险品存入一般库房。
② 储存场所温度、湿度超过物品的耐受极限。
③ 库区内的灯具不符合要求。
④ 易燃液体挥发渗漏。
⑤ 可自燃物品堆码过实，通风、散热、散潮不好。

3.机具方面

① 无防护罩的汽车、叉车、吊车进入库区或库房。
② 使用易产生火花的工具。
③ 库内停放、修理汽车。
④ 用汽油擦洗零部件。
⑤ 叉车内部皮线破露、油管老化漏油。

4.火种管理方面

① 外来火种和易燃品因检查不严被带入库区。

② 在库区吸烟。

③ 在库区擅自使用明火。

④ 炉火设置不当或管理不严。

⑤ 易燃物未及时清理。

二、火灾的预防措施

1.仓库防火措施

仓库的防火措施主要如图7-3所示。

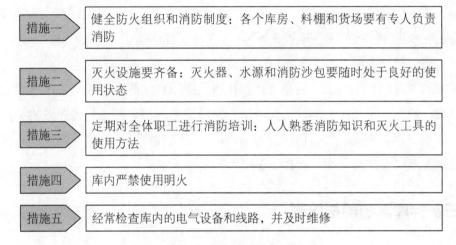

措施一	健全防火组织和消防制度：各个库房、料棚和货场要有专人负责消防
措施二	灭火设施要齐备：灭火器、水源和消防沙包要随时处于良好的使用状态
措施三	定期对全体职工进行消防培训：人人熟悉消防知识和灭火工具的使用方法
措施四	库内严禁使用明火
措施五	经常检查库内的电气设备和线路，并及时维修

图7-3　仓库的防火措施

2.库存危险品防火要点

仓库危险品防火要注意图7-4所示的几个要点。

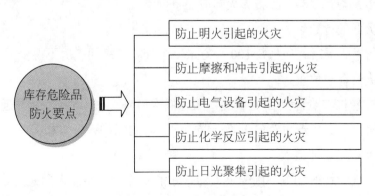

图7-4　库存危险品防火要点

（1）防止明火引起的火灾

禁止把火种带入库区，严禁在库区、货区吸烟。焊接金属容器时，必须在库房外指定的安全地带操作。

（2）防止摩擦和冲击引起的火灾

在搬运装有易燃、易爆危险品的金属容器时，严禁滚、摔或拖拉，以防止商品之间相互撞击、摩擦产生火花；同时也不得使用能够产生火花的工具开启容器；进入库房内的任何工作人员，都不能穿带铁钉的鞋，以防铁钉与地面摩擦产生的火花。

（3）防止电气设备引起的火灾

装卸搬运易燃、易爆的危险品所使用的电瓶车、电动吊车、电动叉车以及库房内电源线路和其他电气设备，必须采用防爆式，并在工作结束后，立即切断电源。

（4）防止化学反应引起的火灾

浸油的纱布、抹布等不得放置在库房内，以防止自燃。

（5）防止日光聚集引起的火灾

用玻璃容器盛装的可燃、易燃液体，在露天搬运和储放时，应防止玻璃聚光而引起的燃烧；易燃、易爆物品的库房窗玻璃应涂以浅色油漆，防止日光照射物品；装有压缩或液化气体的钢瓶、装有低沸点的易燃液体的铁桶容器、易燃易爆的物品以及受热容易蒸发汽化的物品，都不得暴晒在阳光下。

三、仓库消防器材设置

仓库平时应组织员工成立消防组织，配备各类消防器具，定期进行救护培训与演习。

1. 灭火器的配置

仓库应该配备灭火器，配置灭火器应注意以下几点。

（1）灭火器配置数量

仓库配置灭火器时，应按每100平方米一个计算，每间库房不得少于两个。

（2）灭火器存放位置

灭火器应悬挂在仓库外面的墙上，离地面高度不超过1.5米，并要远离取暖设备和防止曝光直射。灭火器可存放于灭火器箱内，起到保护灭火器和美观的作用。

（3）灭火器配置种类

只有在不同的场所配置不同的灭火器，才能发挥灭火器最大的灭火效能和经济效益。具体如表7-3所示。

表7-3　不同场所选用灭火器配置种类

序号	场所	灭火器配置种类
1	精密仪器和贵重设备场所	灭火剂的残渍会损坏设备，忌用水和干粉灭火器，应选用气体灭火器
2	贵重书籍和档案资料场所	为了避免水渍损失，忌用水灭火，应选用干粉灭火器或气体灭火器
3	电器设备场所	因热胀冷缩可能引起设备破裂，忌用水灭火，应选用绝缘性能较好的气体灭火器或干粉灭火器
4	高温设备场所	因热胀冷缩可能引起设备破裂，忌用水灭火，应选用干粉灭火器或气体灭火器
5	化学危险物品场所	有些灭火剂可能与某些化学物品起化学反应，有导致火灾扩大的可能，应选用与化学物品不起化学反应的灭火器
6	可燃气体场所	有可能出现气体泄漏火灾，应选用扑灭可燃气体火灾效果较好的干粉、二氧化碳等灭火器

 小提示

报废的灭火器或贮气瓶，必须在简身或瓶体上打孔，并且用不干胶贴上"报废"的明显标志。标志内容如下："报废"二字(字号最小为25毫米×25毫米)，报废年、月，维修单位名称，检验员签章。灭火器每年至少应进行一次维护检查。

2.消防水桶

消防水桶应做成尖底，涂成红色，按仓库面积每50平方米至少配备一个，一般独立的库房至少配备4个，挂在出入口外墙明显处。无论有无消防水道，在每个仓库附近，都要配置一定数量的大水桶。在储存液体燃料的仓库附近，必须配沙子，用木箱式桶盛装，容器涂成红色。

3.消火栓箱

消火栓箱是由箱体、室内消火栓、消防水带、消防水枪及电器设备等消防器材组成的箱状固定消防装置，具有给水、灭火、控制和报警等功能，适用室内消防系统的有厂房、库房、高层建筑和民用住宅等。

4.防火墙

在设计仓库时应考虑防火墙的设计，其厚度要考虑到发生火灾时的烘烤时间。其高度应超出屋顶。

5.防火隔离带

在库房、料棚和货场内留出足够的防火隔离带，且防火隔离带内严禁临时存放可燃物料。

6.防火门

防火门是用耐火材料制成的，万一某一库房起火，扑救不及，可关闭该库房的防火密封门，使火势蔓延不到另一库房。

7.消防应急包

消防应急包包含几种常用的灭火和逃生用具，通常有应急包箱1个、灭火器1个、自救呼吸器（防毒面罩）1个、防水探照灯1个、逃生绳1条、不锈钢挂钩1个、腰斧1把。还可根据需要配置。

四、报警与灭火

当火灾发生时，仓管员应先迅速利用自有的消防设备尽力救护扑灭，并立即拨打119报警电话请消防队前来施救。

1.报警

消防工作实践证明，报警晚是酿成火灾的重要原因之一。仓库应配备准确可靠的报警系统，一旦仓库中某处发生火灾，报警装置能及时准确地报警，仓库保卫部门就能迅速报告消防队和通知全体仓库员工，以便及时组织扑救，避免火势的蔓延。

 小提示

不管火势大小，只要发现失火，就应立即报警。报警越早，损失越小，报警后应有人到路口指引消防车到达火灾现场。

2.灭火

通常采用的基本灭火方法有以下几种。

（1）冷却灭火法

冷却灭火法是指将灭火剂直接喷洒在可燃物上，使可燃物的温度降低到自燃点以下，从而使其停止燃烧。如用水、酸碱灭火器、二氧化碳灭火器等均有一定的冷却作用。

（2）拆移灭火法

拆移灭火法又称隔离灭火法，它是将燃烧物与附近可燃物质隔离或疏散开，从而使燃烧停止。

例如，将火源附近的易燃易爆物品转移到安全地点；关闭设备或管道上的阀门，阻止可燃气体、液体流入燃烧区等。

（3）窒息灭火法

窒息灭火法是指采用适当的措施，使燃烧物与氧气隔绝。火场上运用窒息法扑救火灾时，可采用石棉被、湿麻袋、砂土、泡沫等不燃或难燃材料覆盖燃烧物或封闭孔洞；用水蒸气、惰性气体（二氧化碳、氮气等）充入燃烧区域；或用水淹（灌注）的方法进行扑救。

（4）抑制灭火法

抑制灭火法是指将化学灭火剂喷入燃烧区参与燃烧反应，终止链式反应而使燃烧停止。这种方法可使用的灭火剂有干粉和卤代烷灭火剂。灭火时，将足够数量的灭火剂准确地喷射到燃烧区内，使灭火剂阻止燃烧反应。同时还需采取必要的冷却降温措施，以防复燃。

第四节　仓库治安保卫管理

仓库治安保卫管理是仓库管理的一项重要工作。仓库主管在日常的管理中，要注意人员的安全管理、物品的安全以及防盗管理。

一、人员安全管理

仓库治安管理应加强人员安全管理，包括内部人员安全管理和外部人员安全管理两个方面。仓库应设立警示牌，杜绝外人随便进出。

1.内部人员安全管理

仓库内部人员的安全管理，通常是由严格的规章制度来保证的。同时，企业的各级行政部门对本部门所辖人员应进行治安宣传教育，一旦出现问题，则由保卫部门配合行政部门解决。

2.外部人员安全管理

对外部人员的安全管理，主要是指对驻库员、提送货人员、来仓库联系业务的工作人员、仓库临时工以及来库探亲访友人员等的管理，如图7-5所示。

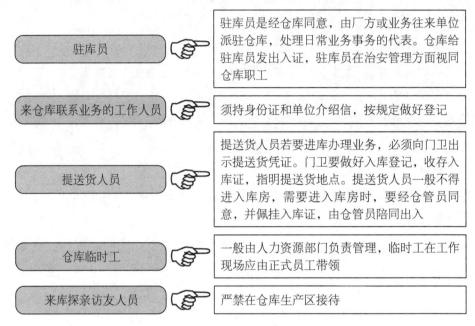

| 驻库员 | ☞ | 驻库员是经仓库同意，由厂方或业务往来单位派驻仓库，处理日常业务事务的代表。仓库给驻库员发出入证，驻库员在治安管理方面视同仓库职工 |

| 来仓库联系业务的工作人员 | ☞ | 须持身份证和单位介绍信，按规定做好登记 |

| 提送货人员 | ☞ | 提送货人员若要进库办理业务，必须向门卫出示提送货凭证。门卫要做好入库登记，收存入库证，指明提送货地点。提送货人员一般不得进入库房，需要进入库房时，要经仓管员同意，并佩挂入库证，由仓管员陪同出入 |

| 仓库临时工 | ☞ | 一般由人力资源部门负责管理，临时工在工作现场应由正式员工带领 |

| 来库探亲访友人员 | ☞ | 严禁在仓库生产区接待 |

图7-5　外部人员安全管理要点

二、物品安全管理

1.一般物品安全管理

物品储存要分区分类，不同类型物品不能混存。物品在库储存，要有专人负责，仓管员要经常检查。

2.特殊物品安全管理

特殊物品是指稀有贵重金属材料及其成品、珠宝玉器及其他贵重工艺品、贵重药品、仪器、设备、化工危险品、特需物品等。储存此类物品除了要遵循一般物品的管理制度和公安部门的管理规定外，还要根据这些物品的性质和特点制定专门的储存管理办法。其主要内容如图7-6所示。

内容一	设专库（柜）储存。储存场所必须要符合防盗、防火、防爆、防破坏等条件。根据情况可以安装防盗门、监视器、报警器等装置。外部人员严禁进入库房
内容二	要指定有业务技术专长的人员负责保管特殊物品，并且必须是两人以上，一人无收发权
内容三	要坚持严格的审批、收发、退货、交接、登账制度，预防在储存、运输、装卸、堆码、出入库等流转过程中发生丢失或错收、错发事故
内容四	特殊物品要有特殊的保管措施，要经常进行盘点和检查，保证账物相符
内容五	对过期失效和报废的易燃、易爆、剧毒、腐蚀、污染、放射性等物品，要按照公安部门和环保部门有关规定进行处理和

图7-6　特殊物品安全管理的内容

三、仓库防盗管理

仓库防盗管理包括防内盗管理与防外盗管理两部分。

1.防内盗管理

仓库内盗的主要原因是人员素质与监督措施的缺失。可以从以下两个方面入手，具体内容如图7-7所示。

提高仓库人员自身素质，开展素质培训，明确工作责任，消除管理盲点，用文明的环境感化人的意识、思维和行为	措施一 措施二	强化监督措施，如增加监督设施、提升监管水平、开展有奖举报活动等

图7-7　防内盗措施

2.防外盗管理

仓库外盗的主要原因是仓库管理措施不得力，管理方式存在漏洞，要消除外盗必须从图7-8所示的两个方面着手。

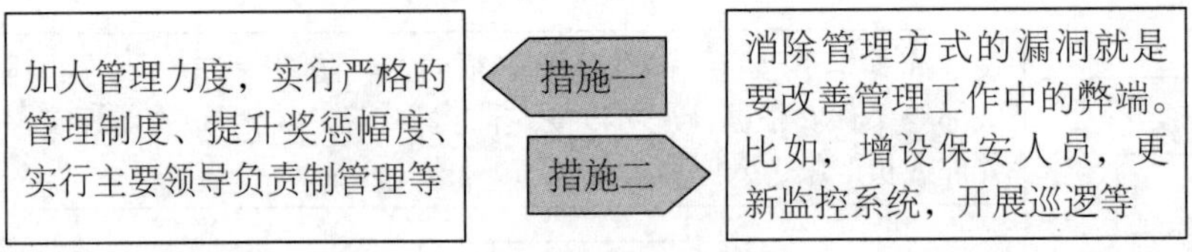

加大管理力度，实行严格的管理制度、提升奖惩幅度、实行主要领导负责制管理等

措施一

措施二

消除管理方式的漏洞就是要改善管理工作中的弊端。比如，增设保安人员，更新监控系统，开展巡逻等

图7-8　防外盗措施